国际政治经济学研究丛书

主编 张宇燕

The Economic Development and Capacity Cooperation of
BRICS in Low-Carbon Economy

低碳经济下金砖国家
经济发展与产能合作研究

马涛 陈曦 著

中国社会科学出版社

图书在版编目（CIP）数据

低碳经济下金砖国家经济发展与产能合作研究／马涛，陈曦著．—北京：
中国社会科学出版社，2020.3

（国际政治经济学研究丛书）

ISBN 978 - 7 - 5203 - 6081 - 4

Ⅰ.①低…　Ⅱ.①马…②陈…　Ⅲ.①世界经济—低碳经济—
经济发展—研究　Ⅳ.①F113.3

中国版本图书馆 CIP 数据核字（2020）第 037384 号

出 版 人	赵剑英
责任编辑	喻　苗　王玉静
责任校对	胡新芳
责任印制	王　超

出　　版	中国社会科学出版社
社　　址	北京鼓楼西大街甲 158 号
邮　　编	100720
网　　址	http://www.csspw.cn
发 行 部	010 - 84083685
门 市 部	010 - 84029450
经　　销	新华书店及其他书店

印　　刷	北京明恒达印务有限公司
装　　订	廊坊市广阳区广增装订厂
版　　次	2020 年 3 月第 1 版
印　　次	2020 年 3 月第 1 次印刷

开　　本	710 × 1000　1/16
印　　张	12.5
字　　数	158 千字
定　　价	59.00 元

总　序

　　为了繁荣和发展中国哲学社会科学，2016 年中国社会科学院推出了"登峰计划"，力求重点打造一系列优势学科。世界经济与政治研究所承担了两项优势学科建设任务，国际政治经济学便是其中之一。将国际政治经济学作为研究所优势学科之一加以建设，主要出于三点考虑：其一，在经济与政治相互作用与融合越发深化的世界中，以经济学视角看待政治、以政治学视角看待经济，或是以政治经济学视角看待世界，实乃大势所趋，而且也是发挥世界经济与政治研究所优势的有效途径；其二，当今世界的许多大事，比如全球治理、打造新型国际关系、构建人类命运共同体等，都需要有跨学科的，特别是政治与经济相结合的理论探讨与政策手段；其三，研究所有一批熟稔世界经济和国际政治的专家学者，他们在各自的研究领域内都取得了不小的学术成就。

---

　　* 作者系中国社会科学院学部委员，世界经济与政治研究所研究员、所长。

国际政治经济学并不是一个新学科。长期以来，它作为国际政治学或国际关系学的一个重要分支存在了数十年，其基本研究路径是以政治学和历史学为基础对国际或全球经济问题加以研究。近年来，越来越多的学者以经济学、特别是经济学中的政治经济学理论来分析国际政治或国际关系，并尝试在此基础上发展出一门新的学科分支——国际经济政治学。今天的世界和今天的中国一方面从昨天走来，另一方面又与昨天有显著的不同。一度势不可当的全球化如今进入崎岖的历史路段便是一例。面对新形势，形成以马克思主义为指导、有中国特色国际政治经济学，对身处中华民族伟大复兴新时代的中国专家学者而言既是机遇，更是责任。

在众多国际政治经济学可以施展的研究领域中，对"一带一路"建设的研究应该是最能发挥其独特优势的领域了。"一带一路"建设既是研究我国改革发展稳定重大理论和实践问题为主攻方向之一，也是发展中国理论和传播中国思想的重要依托。这一点可以从"一带一路"建设的五大内容——与政治经济均高度相关的"五通"——中得到充分反映。自 2013 年"一带一路"倡议提出以来，中国一直大力推进并且取得了一系列积极成果，其国际声势也达到了前所未有的高度。当前，中国经济发展进入新时代，外部经济环境不确定性明显增多。为了今后更好地推动"一带一路"建设，实现全球共享发展，对"一带一路"的战略意义、目标设定、实施手段、风险规避等都需要进一步思考。为此，我们将重点关注"一带一路"等重大问题，深入探讨新时代中国与世界的互动关系，并将陆续出版优势学科建设的成果，不断推动国际政治经济学的理论进步与学术繁荣。

一些上面提到的综合性、全球性议题的不断出现，也自然而然地把世界经济和国际政治学者聚拢到了一起。参与世界经济与政治研究所国际政治经济学优势学科建设的研究人员，主要来自国际战略研究室、国际政治经济学研究室和国家安全研究室的研究人员。作为世界经济与政治研究所国际政治经济学优势学科的负责人，同时作为本丛书的主编，在此我特别感谢读者的关注，也希望读者提出批评与建议。

2019 年 2 月

前　　言

　　本书在低碳经济框架下对金砖国家产业发展与经济增长进行了研究，这在金砖国家合作研究方面较为少见。自"金砖国家"的概念提出以来，国内多数研究都聚焦在金砖国家的金融合作、制度与规则等方面，但是对金砖国家的产业结构和增长模式的研究则是凤毛麟角。同处于发展中国家阶段的金砖国家，更需要学者们在具体产业发展方面进一步深化研究，借助于一些研究成果，金砖国家才能够实现跨越粗放型增长模式的阶段。本书在此基础上，又加入经济增长的环境约束条件——碳减排目标，这使得对金砖国家的研究更加实际且难度加大，这也是本书的突出特色和创新之处。

　　本书详细梳理并比较分析了金砖国家产业发展情况以及在发展低碳经济方面的主要措施和经验。在产业发展方面，金砖各国处于不同的经济发展阶段，巴西和俄罗斯已经从工业化过渡到以第三产业推动经济总量发展的阶段；中国处于工业化加速阶段；不同于其他国家"一—二—三"产业结构的发展顺序，印度首先发展第三产业，然后才大力发展工业；南非工业化进程也逐步提速。由于处于不同的发展阶段以及国家资源禀赋的差异，各国形成了不同的产业结构和优势产业。金砖国家碳排放强度的差异与产业结构存在一定的相关关系，其中，各国的碳排放还受到其他因素，比如经济总量、能耗水平、减排技术、排放政策等条件的影响。

传统经济发展模式下的产业发展和产能合作不断深化，把低碳经济作为发展约束，探讨金砖国家之间以及与发达经济体的产业发展和产能合作是当前乃至未来的重要发展议题。金砖国家之间存在明显的非均衡性差异，主要表现在产业比较优势、国际分工、要素禀赋等不同，这正是金砖国家开展产能合作的基础，也契合优势国家产业梯度转移的合作模式。如何把金砖国家的碳减排目标纳入模型之中，进而构建碳减排对经济增长和产能合作的模型，是本书研究的重要内容和创新之处。众所周知，降低碳排放强度是金砖国家采取的实现碳减排目标的最主要方式。通过模型中变量之间的关系可以发现，即使在金砖国家实现碳减排目标的条件下，各国产业之间的产能合作也在不断深化。

本书在全球气候变化的背景下研究了金砖国家间的产业发展与合作问题，这比在传统经济条件下研究产业与经济发展更加客观与现实。把发展低碳经济作为经济发展的一个约束条件，金砖国家的经济发展将受到环境保护的制约。如何在实现碳排放目标的前提下，最大化经济产出以及深化彼此之间的产能合作，本书为该领域的研究提出了一个新的分析框架。本书还对金砖国家与主要发达经济体之间的碳排放博弈进行了深入分析，并对中国与金砖国家的能源产业合作提出了政策建议，一些建议还可应用于中国与其他金砖国家在低碳经济上的发展与合作。

本书在实证研究部分测算了贸易中内含的 CO_2 排放情况，测算基于多区域投入产出模型，计算了中国出口贸易中内含的 CO_2 排放情况。这是以中国为案例进行分析，研究侧重于中国出口贸易中内含的碳排放测算。测算从三个层面进行，分别计算了中国整体出口贸易中的碳排放、分省份出口贸易中的碳排放以及考虑加工贸易方式的分省份出口中的碳排放情况。该部分在理论和实证研究上具有一定的学术价值。

为了做好金砖五国的比较研究，笔者在数据采集和文献整理上倾注了很大精力。由于本书涉及巴西、俄罗斯、印度、中国和南非金砖五国，资料与数据的收集工作繁杂而且具有一定难度，特别是其他金砖四国的资料和数据需要到对应国家网站和数据库查找，有的国家相关信息资料不是英文，这给资料收集和数据采集带来了巨大的挑战，有的资料需要请对应的语言译者帮忙翻译。

在本书撰写过程中，具体要收集的数据主要包括各国分产业的能源消耗、经济增长、分产业的增加值和进出口贸易数据等。上述分国别数据不仅要把分产业的数据一一对应，还要考虑数据的时间序列问题，这样才能深入研究经济增长模式的发展问题。此外，对经济增长模式的研究还会使用到政策模拟方法，对各个国家的经济增长潜力和未来发展模式做出判断，该方面的工作量和难度也较大。

在此基础上，本书分析了金砖国家工业行业的 CO_2 排放情况。这是研究低碳经济的基础，其结果用来作为金砖国家在低碳经济下产业发展和未来经济增长的一个约束条件。利用各种能源的消耗量计算 CO_2 的排放量，需要使用 IPCC 提供的计算方法和化石燃料的排放系数等，才能获得从消费端产生的碳排放量，这项工作任务烦重但具有较大的现实意义。

由于在低碳经济下研究金砖国家产业发展与经济发展的理论框架

没有前车之鉴，所以，本书在研究思路的拓展上有很长一段时间处于停滞状态。研究低碳经济和实现碳减排目标，离不开对能源投入消费的研究，这是从生产侧对该问题源头的根本分析。本书对能源投入使用方面的具体分析不够充分，希望在今后的研究中加大对不同能源投入的分析。另外，在实地调研方面，由于课题组成员的时间难以协调，进展较为缓慢。原本设想通过调研获得信息并做一些案例分析，这样调研的结果可以充分影响到有价值的政策建议的提出。但是，由于样本数量和信息的缺乏等以致设想未能实现。此外，本书构建了低碳经济下金砖国家间以及与发达经济体间的产能合作模型，由于数据和技术方面的局限，未能具体展开，希望在未来的研究中能够得到深入探索。

目　　录

第 一 章

金砖国家应对全球气候变化的
增长路径和模式

2007 年，联合国政府间气候变化专门委员会（IPCC）公布了第四次评估报告。该报告首次用科学证据论证了过去 50 年间的大气温度与人类行为存在着直接关系：人类活动的温室气体排放引起了全球平均温度的提升。报告指出，由于人类活动引起的全球温室气体排放增加，1970 年至 2004 年期间增长了 70%。2014 年，联合国政府间气候变化专门委员会第五次评估报告再次更加明确的指出：人类活动是导致气候变化的主要原因，而减少人类化石能源的使用是治理气候变化的根本方式。报告进一步呼吁人类必须一致行动以应对气候变化带来的挑战。未来全球气候变化和经济增长将取决于各国未来发展路径的选择。

◇◇ 第一节 低碳经济的发展趋势及特点

"低碳经济"概念最早由英国的能源白皮书提出，认为"低碳经济"是通过减少自然资源消耗和环境污染的同时获取更多的经济利益，其是以保护全球气候为目标，以低能耗、低污染、低排放为基础，以能源高效利用和清洁能源开发为主要手段的经济形态。根据以上定义，低碳经济目标不可避免地与全球控制温室气体排放的举措联系在一起。控制碳排放主要有两种途径：一是开源手段进行能源结构调整，通过增加使用更加清洁的能源以降低能源消费的碳排放比重；二是节流手段提高能源的利用效率，通过提高单位能源的生产率来降低单位能耗的碳排放水平。从社会经济发展的长期趋势来看，由于技术进步、能源结构优化和采取节能措施，碳生产力也在不断提高。因此，低碳化进程也就是碳生产力不断提高的过程。

但是，仅将低碳生产和经济增长挂钩，认为低碳经济的目的是为了应对能源、环境和气候变化的挑战是完全不够的。低碳的目标不仅仅是低碳高增长，更应体现其中的人文发展目标和人文关怀，即保证在经济、健康、教育、生态保护、社会公平等人文尺度上实现经济发展和社会进步（潘家华等，2010）。低碳不是目的，只是手段，重要的是保障人文发展目标的实现。因此，低碳经济的核心发展目标应是：发展低碳能源技术，转变经济发展方式，建立低碳经济发展模式和低碳社会消费模式，促进社会由工业文明转向生态文明的新型经济社会形态。

低碳经济是一种新型发展模式，是 21 世纪人类最大规模的环境革命，同时也是一场深刻的社会经济变革。在低碳理念已成为全球共识的基础上，低碳经济的未来发展趋势和特点也越来越受到人们的关注。

首先，主要发达国家加快低碳经济转型，未来争夺低碳经济主导地位的斗争将更加激烈。低碳经济作为新的发展模式是后危机时代世界经济增长的重要推动力，其具体实现目标和落实原则就是量化减排指标及其相关措施。发达国家将节能环保和开发可再生能源作为最优先行动目标，凭借在低碳领域的技术和制度创新优势，制定和实施发展低碳经济的中长期战略规划，力图在新一轮竞争中获得领先优势。目前，美、欧、日、加、澳等国家和地区均在不同程度上实施了自愿的减排计划。从《京都议定书》至今，欧盟已成为事实上的低碳经济主导者，其通过立法、财税等手段积极推进能源气候一揽子计划，发展低碳技术和开拓新能源供给渠道，保持欧盟经济的整体竞争力。而《美国清洁能源法案》的提出代表美国重返国际气候谈判舞台，是美国争夺气候变化政策主导权的有力筹码。其明确制定了减少化石能源使用的中长期规划以及发展清洁能源技术和提高能源利用效率的具体战略，构成了美国向低碳经济转型的法律框架。日本也在"福田蓝图"框架下积极探索低碳发展的技术创新、制度变革及生活方式的转变，并确定了中长期的低碳行动方案。由此可见，谁掌握了未来制定规则的主导权即掌握了在低碳经济条件约束下的未来发展空间。

其次，新兴经济体寻求更多的话语权和自主权，建立符合自身国情的低碳经济道路。不同的发展阶段上低碳经济具有不同的发展路径，尽管各国碳排放的驱动因素不尽相同，但就发展阶段而论，发达国家进入了后工业化时代的消费型碳排放经济社会，而以金砖国家为主的发展中国家则还处于以投资和基础设施建设为主的生产型碳排放经济中。由于处于不同的历史阶段，发展中国家实现低碳经济所面临的减排成本要明显高于发达国家。新兴经济体崛起主要是依靠政府投资、劳动力成本优势和出口优势实现经济的快速发展，但这种粗放型的增长方式普遍存在高排放、高污染的资源和环境瓶颈，极大制约了新兴经济体的创新竞争力。为了进一步提升综合国力，转变经济发展方式，以争取在未来国际竞争格局中占据有利地位，新兴经济体具有显著的内生动力要求在低碳经济规则制定上的话语权,并以新能源和可再生能源为支撑,将低碳经济与经济转型发展紧密结合,引导新一轮的工业革命顺利进行。但是,发达国家所掌握的国际规则制定权一再要求广大新兴经济体设置具有较强约束性的减排指标,严重束缚了新兴经济体的经济发展。此外,发达国家转嫁自身减排责任和逃避为发展中国家提供绿色技术和资金支持的责任,诸多因素构成新兴经济体要求低碳经济规则制定权的外生动力。2014 年 12 月缔结的《利马气候行动倡议》就是发展中国家通过自身努力获得的重要成果,它进一步明确强化 2015 年协议将在联合国气候变化框架公约下,以遵循"共同但有区别的责任"原则为前提,按照自身经济特点由国家自主决定减排贡献。由此可见,对于发展中国家来说低碳是发展的途径和手段,也是未来可持续发展的主要特征和标志,与发达国家关于环境问题的博弈将处于长期持久的状态。

再次,低碳经济与贸易投资政策的联系逐步加深,碳关税、碳标签和碳认证成为应对全球气候变化的主要手段,同时也可能滋生新的贸易保护主义。第一,发达国家从自身利益出发推行的"低碳"技术标准和"碳关税"政策,将直接削弱发展中国家出口产品的竞争力。发达国家高层次碳减排标准很大程度上超出发展中国家的减排技术能力,发展中国家出口的产品会因达不到国际碳减排要求而不得不退出市场。发展中国家所处的历史地位决定着化石能源将在其能源消费结构中占重要比例。"碳关税"政策将直接对发展中国家的制造业出口成本造成冲击。为突破这种气候壁垒,发展中国家往往需要提高碳减排技术,控制出口产品的碳排总量,这进一步增加低能耗原材料及减排新设备的购置成本,致使价格上升阻碍自由贸易的进一步发展。第二,碳标签、碳认证等手段以促进"低碳",更具有隐蔽性,可能成为技术性贸易壁垒。WTO 关于贸易技术壁垒（TBT）条款允许国家基于环境目的实行强制性或自愿性标准，可能造成新的"绿色壁垒"。发达国家和国际组织不断在产品标准、贸易、投资规则方面与碳排放挂钩，如日本提出的"碳足迹系统项目"、法国运行的"新环保法案"第 85 条、欧盟规定的"欧洲版能源效率标准"、国际标准化组织发布的 ISO14067 温室气体核证系列标准等，均可能发展成为新型技术性壁垒，给国际贸易带来冲击和危害。

　　然后，在单边削减乏力、多边体制陷入僵局的情况下，区域协定和区域合作成为有效削减全球碳排放的有力手段。单边削减可能造成关于"碳泄漏导致环境有效性降低"的问题，即指承担减排义务的国家采取减排行动后，生产或排放区的外移导致本国减少的排放被未采取约束行动的相关地区或领域的高排放抵消，从而影响减排措施的效果。从多边角度看，WTO 现有的主要协调环境事务的委员会及相关办事机构，也尚不完全具备处理气候变化与贸易问题的能力和经验；治理碳问题的国际气候公约尚存在规则不完善、制度缺失以及关键定义模糊等问题，因而缺乏对 WTO 的原则性的指导作用，造成 WTO 在实施过程中缺少对低碳问题的针对性和可操作性。因此，近年来在处理贸易自由化与环境政策问题时，更多国家采取双边或多边贸易协调机制谋求共同而有效地削减全球碳排放。如美国—智利自由贸易协定、北美自由贸易协定等协定已增加了与环境有关的条款，运用区域政策引导双方转向生产和消费低碳产品，以降低地区碳排放。与以往传统自由贸易协定的自然延伸不同，新环境下的区域贸易自由化促进碳减排的努力更多体现为：第一，低碳区域贸易协定更加针对低碳密集型产品、低碳新技术和低碳生产过程的投入品采取贸易鼓励措施，通过区域内贸易品结构的清洁化促进与低碳相关的生产、消费和贸易。第二，在同等减排程度的承诺者间建立补偿机制，构建以生产补贴为主要形式的支付转移机制，以补偿竞争成本上升所造成的损失。第三，对区外国家的碳排放进行激励或惩罚，鼓励高排放国家加入协定，从而减少全球排放。

最后，金融与全球气候治理机制有机结合，通过金融杠杆的有力支撑推动低碳经济的发展。金融工具成为低碳融资的主要手段之一，其主要方式可归纳为公共资金引导工具、碳金融工具和传统金融工具三大类。第一，公共资金不仅可以有效地为低碳经济领域项目提供稳定资金来源，还可发挥关键的引导作用，带动私人部门资金更多地流入低碳经济发展相关领域。随着低碳经济发展的深入，其对资金的需求也就越来越多，仅仅靠公共部门为低碳发展融资已无法满足低碳经济的正常发展需要，也不能促进低碳部门产业化、商业化。通过公共资金引导工具，以公共与私人部门共同融资和政府担保基金的形式，鼓励私人部门参与低碳发展计划，有利于降低投资风险与成本，促进低碳发展经验在各部门共享。第二，"碳金融"是属于低碳经济发展模式中环境金融独树一帜的发展分支，是指向可以购买温室气体减排量的项目提供资源。近年来碳金融市场发展显著，形成了不同类型、不同功能的交易市场，也在世界范围内产生了主要的碳交易体系。国际碳交易体系主要有欧盟排放交易体系、美国的区域温室气体倡议、东京自愿排放交易体系、大不列颠体系、澳洲的新南威尔士州 CO_2 减排体系和加拿大的亚伯达省气候变化和排放管理法等。第三，传统金融市场工具创新为低碳经济发展提供了辅助收入来源。如中央政府或机构发行气候债券为地方低碳经济项目提供融资；或地方政府直接发行气候债券为当地的低碳发展领域项目建设融资。CBN 的研究表明：若考虑到较为广泛的减少排放和应对气候变化的领域，目前共有超过

1000 种以气候为主题的债券，规模约为 1740 亿美元。此外，农业保险、天气指数保险、清洁技术保险和巨灾保险是国际保险业围绕气候融资开展的较为成熟的重要避险工具，在低碳经济投资相关领域提供风险管理服务可以有效降低低碳类投资的风险，并吸引更多私人投资用于支持低碳经济发展。

◇ 第二节　全球气候变化条件下
金砖国家合作的动力

鉴于全球气候变化背后的科学依据及其对可持续发展的影响，自"巴厘路线图"的达成和《巴厘行动计划》的颁布以来，应对气候变化的国际行动走向不断深化。行动路线强调加强国际长期合作，提升公约履行效率，从而在全球范围内减少温室气体排放，以实现公约制定的目标。其中，低碳经济成为世界各国政府应对气候变化造成的对经济和社会的冲击的必然选择。以协调经济发展与保护全球气候为目的的低碳经济发展战略和行动计划，成为推动形成全球低碳经济潮流的重要力量。如欧盟将低碳经济视为"新的工业革命"，围绕欧洲建设的三个支柱（政治愿望、目标共识和制度框架）形成了低碳经济发展战略，并以此来协调各成员国应对气候变化的行动（何建坤等，2010）；日本提出"低碳社会"概念，摒弃高生产、高消费、高废弃的传统社会经济运行模式，由高碳消费社会向低碳高质社会转变，寻求建立低碳排放、气候稳定条件下的可持续发展社会；美国则提出"经济新进程"，一方面利用市场工具提升碳排放效率，另一方面寻求新能源技术突破，实现向低碳经济转型的目的。

联合国气候变化专门委员会在多年前就指出了人类活动是影响人类气候变化的最主要因素。其认为，让气候变好的主要方式是减少使用化石能源，但是这就牵扯到改善环境问题的核心矛盾——发达国家和发展中国家发展阶段差异。发达国家的各行各业发展得非常完善了，产生温室效应主要是由于汽车和生活方式等因素。然而发展中国家现在正处于工业化高速发展的阶段，工业排放是导致温室气体增加的主要原因，但要是减少排放必定会限制经济的发展。同时，农业也是发展中国家经济发展的主要产业部门，全球变暖会影响农业发展，导致农业减产，因此推动农业现代化、提高农业技术，加强金砖国家之间的贸易往来是十分有必要的。

金砖国家各自的比较优势决定了金砖国家在低碳经济方面可以相互弥补，不断合作，在后危机时代金砖成员国之间双边能源合作不断深化，成果丰富。俄罗斯具有丰富的能源资源，2018 年石油和天然气的总产量排名世界第二。与此同时巴西也有丰富的能源资源，俄罗斯和巴西的能源出口是本国的经济支柱，中国、印度、南非的制造业较为发达，但是人口较多，能源非常紧缺，供需问题较为棘手，主要依赖进口。金砖国家成员中只有能源出口国（俄罗斯、巴西）与能源进口国（中国、印度、南非）资源互补，互利共赢，与此同时中国的能源设计、制造设备、基础设施建设和投资、融资等占据一定优势，印度的能源信息化管理有一定的优势，巴西的深水油气、生物智能技术名列世界前茅，南非的清洁煤炭技术也是较为先进的，金砖国家能源之间优势互补，能够在低碳经济下共同发展，在经济不断发展的同时对环境也有一定的有利影响。金砖国家合作机制的出现，加大了小范畴的气候合作，积极塑造更加合理的全球气候秩序，主动转变发展方式提升应对气候变化的能力。在低碳经济下共同发展，互利共赢。

◇ 第三节　金砖国家促进低碳经济
发展的做法与经验

目前，关于气候变化的全球治理主要集中于全球气候谈判和国别气候政策领域，但考虑到《后京都议定书》时代全球减排公约达成的难度，因此更有必要关注小范围、区域间的气候合作，尤其应重点关注以"金砖国家"为代表的新兴市场经济体间的气候合作。金砖国家——巴西、俄罗斯、印度、中国和南非——积极寻求金融、技术和政策相关领域的创新机制和合作机会，以共同促进本国低碳经济发展。

"金砖四国"这一概念最早由美国高盛集团首席经济学家奥尼尔（Jim O'Neill）在 2001 年 11 月发表的《全球需要更好的经济金砖》中首次提出。"金砖四国"（BRICs）最早成员国包括巴西、俄罗斯、印度和中国。2009 年 6 月，金砖四国领导人首次在俄罗斯叶卡捷琳堡举行峰会，标志着金砖四国由商业投资机会演变成一种政治经济合作机制。2010 年 4 月，第二次金砖四国峰会在巴西利亚召开。会后，四国领导人发表了《联合声明》，就共同愿景与全球治理、国际经济金融事务、国际贸易、气候变化和能源问题等阐述了共同的看法与立场，商定推动金砖四国合作与协调的具体措施。2010 年 12 月，中国作为金砖国家合作机制轮值主席，与俄罗斯、印度、巴西一致商定，吸收南非作为正式成员加入金砖国家合作机制。至此，"金砖国家"（BRICs）机制正式成立。金砖国家具有相似的经济发展速度和发展潜力，南非的加入更是使金砖国家合作机制具有代表性，有利于金砖国家在构建全球治理结构、国际货币经济体系改革、气候变化、减贫和可持续发展等重大问题上协调立场，推动构建公正、民主的全球政治经济治理结构。虽然目前金砖国家积极参与国际气候变化对话，但各国间应对经济增长挑战和温室气体排放减缓行动所采取的国家政策存在着明显的差异，减排重心也有所不同。

一 国家应对气候变化的政策及碳减排目标

由于经济发展和能源结构上的差异，以金砖国家为代表的广大发展中经济体逐渐成为温室气体排放的主要国家。目前来看，金砖国家既是当前国际格局转型的重要推动力量，同时也是主要温室气体排放国。面临金融危机与气候危机双重压力带来的新一轮科技革命浪潮，金砖国家不仅要保持经济持续高速增长以进一步提升综合国力，而且还必须促进经济发展方式转型，以争取在未来国际格局中占据有利地位。在碳排放减排目标设置方面，金砖国家普遍采取了较积极的减排政策推进减排目标达成和实现经济增长。

（一）巴西

巴西是发展中大国，人均 GDP 居金砖国家之首，温室气体排放近年有所增长。2010 年，巴西温室气体总排放 4.2 亿吨，人均排放量约 2.2 吨，低于全球平均水平；土地利用、土地利用变化和森林（LULUCF）排放占全国温室气体排放量的 60% 以上，远高于能源等其他部门，与其他金砖国家形成显著差异。2009 年，巴西出台《应对气候变化国家方案》明确表明：预计到 2020 年温室气体排放基线水平减少 36.1 至 38.9 个百分点，这意味着在 2020 年巴西的绝对排放量将比 2005 年减少 5.7 至 9.8 个百分点。巴西的森林非法砍伐是导致碳排放显著增加的重要原因，针对这一现象，巴西于 2010 年建立了"国家环境服务激励系统（SISA）"来保护和促进以森林为基础的低碳经济，通过"减少毁林和森林退化所致排放量＋"（REDD＋）相关市场机制建设，显著增加了国家项目级碳信用。此外，继 2011 年底巴西里约热内卢成立"绿色交易所"以来，巴西领跑南美成为该地区第一个推行碳交易试点的国家。

（二）俄罗斯

俄罗斯作为世界能源大国，拥有世界天然气储量的 35%，石油储量的 12%。2010 年，俄罗斯温室气体排放总量 17.4 亿吨，位于世界第四；人均排放量约 12.2 吨，居于金砖国家之首。作为世界主要温室气体排放国之一，2009 年 6 月，俄罗斯承诺 2020 年前把温室气体排放量在 1990 年基础上减少 10 至 15 个百分点，并将其列为俄罗斯碳减排的中期目标。欧盟—俄罗斯峰会上，俄罗斯做出进一步减排承诺，即 2020 年温室气体排放在 1990 年水平上减少 20 至 25 个百分点。在目标执行方面，2009 年，俄联邦签署了《俄罗斯气候学说》，作为俄罗斯气候政策纲领性文件，文件提出了今后气候政策的具体目标、内容以及实施方式。《2030 年前俄罗斯能源发展战略》最大限度地提高了自然资源利用率，增加核能、水电和其他可再生能源在能源结构中所占比重。《俄罗斯联邦关于节约能源和提高能源利用效率法》则通过法律、经济和组织措施促进节能和提高能源利用效率，并就日常照明设定了节能时间表。

（三）印度

印度作为世界第四大温室气体排放国家，温室气体总排放量占全球7%，人均排放量1.7吨。2009年，印度提出将为自身确立一个非约束性的减排目标，宣布到2020年将排放强度在2005年的基础上降低20至25个百分点。为推动应对气候变化措施的落实，确保经济发展的促进措施给气候变化带来正面影响，印度总理委员会于2007年制订了《气候变化国家行动计划》。该计划是印度气候变化政策中一份具有指导意义的纲领性文件，其重要性在于从国家层面将应对气候变化与促进经济发展两项任务结合起来，以相容共生的态度处理发展与气候变化之间的矛盾。《节能法》的颁布实施为改进能效提供了法律依据，该法规定对九种高能耗产业实行定期考核，敦促其遵守相关能耗标准。估计到2031年，印度工业生产的CO_2排放量将因此减少6.05亿吨。

（四）中国

中国是世界最大的温室气体排放国，2010年温室气体总排放量82.9亿吨；人均排放量6.2吨。在《能源发展"十一五"规划》中，中国首次将降低能源消耗强度和减少主要污染物排放总量作为国民经济和社会发展的约束性指标，明确到2010年中国单位国内生产总值能耗较2005年下降20%，可再生能源比重提高到10%。2009年，中国政府宣布，到2020年全国单位国内生产总值CO_2排放（碳强度）比2005年下降40至45个百分点，非化石能源占一次能源消费总量的15%，并将这一减排指标作为约束性指标纳入中国国民经济和社会发展中长期规划。《"十二五"节能减排综合性工作方案》的提出，为"十二五"节能减排目标设定了实施细则，包括推进能源价格和环保收费的改革，完善财政激励政策、健全税收支持政策、强化金融支持力度等，进一步完善有利于节能减排的经济政策。

（五）南非

南非是非洲大陆工业最发达的国家，缺乏石油和天然气资源，煤炭是其能源主要来源，煤炭工业为南非提供了超过90%的电力供应。2010年温室气体总排放量4.6亿吨，人均温室气体排放9.1吨，其中煤炭产业贡献的排放量超过80%。南非作为哥本哈根会议前最后宣布减排目标的主要发展中国家，宣布于2020年在正常水平基础上削减34%的排放量，预计在2025年将达到42%峰值。《南非应对气候变化政策》白皮书的发布是南非政府就气候变化问题第一次出台的全面的国家行动方案，积极引入"碳预算"措施，要求排放主体两年内完成碳预算，并制定各自减排和低碳发展战略；建立"气候变化响应检测与评估系统"，测定气候变化对经济社会带来的成本、效果以及冲击。

二　可再生能源开发

从可再生能源开发角度看，各个国家都形成了具有本国特色的可再生能源发展战略。可再生能源（包括水电、风电、生物质、光伏等）作为清洁能源，可以有效地降低碳排放，减少环境污染，并且可以有力减缓国家经济发展对于电力的需求压力。目前各国在可再生能源开发上各具优势。

（一）巴西

巴西在研究和开发可替代能源上走在世界前沿，依靠资源优势重点在水电和生物液体燃料方面不断寻求突破，尤其是以甘蔗为原料制成的乙醇产量创历史纪录。2006年作为标志性的一年，巴西在历史上首次实现能源平衡，并将进一步扩大生物液体燃料在本国的供给，预计在 2030 年实现对本国 80% 碳燃料的替代和 10% 的国际市场份额供给。

（二）俄罗斯

俄罗斯将热核能、氢能、快速核反应堆、潮汐发电、太阳能等新能源作为优先发展方向，其中重点仍是具有传统优势的核能领域。俄罗斯目前共有核电站 10 座，包括 31 个核电机组，发电总量占比达到 16%。目前俄罗斯正加紧研制更安全的第四代核反应堆，作为新一代的高效洁净核能技术，俄罗斯将进一步加大投入，并将核电发电总量比重进一步提升到 23% 至 24%，以替代传统能源的使用。

（三）印度

近年来印度非常重视发展可再生能源，2019 年，印度可再生发电量装置达到 860 亿瓦。风能是最大贡献者，占可再生能源总组合的 44%，其次是太阳能，占 39%。风电和太阳能发电等新能源发电和设备制造业的迅速发展，使印度成为具备国际竞争潜力的新能源发展大国。世界可持续能源机构和风电生产商评估认为，印度的潜在风资源为 6500 万至 1 亿千瓦。印度的风力发电在发展中国家中处于领先优势地位，印度已成为世界第四大风力发电国家。

（四）中国

中国大力发展以水电、风电、生物质和光伏发电为主的再生能源，并出台了一系列推进可再生能源发电产业化和规模化的政策措施。其中，水电作为我国清洁能源的支柱进入快速发展轨道，装机容量基数大、增长稳定，截至 2014 年年底水电装机容量突破 3 亿千瓦，占全球的 27%；风电开发建设速度明显加快，2013 年新增风电并网 1449 万千瓦，累计达到 7716 万千瓦，同比增长 23%，装机容量稳居世界第一；2014 年光伏发电 2800 万千瓦，成为世界第二大光伏装机大国。

（五）南非

南非积极探索风能、太阳能发电项目，新增 17 份可再生能源合约，加上之前两轮招标共 64 个项目共计一千亿兰特（约 580 亿人民币）用于国内风能、太阳能光伏和聚光太阳能发电项目的开发和建设。

三　能源效率政策和需求供给管理

从能源效率政策和需求供给管理的角度看，各国以低成本提高能源利用效率的技术和政策空间依然很大。提高能源效率是控制温室气体排放的重要手段，通过开展节能减排措施、循环经济以及生态经济等试点示范工程，将低碳经济的要求主动融入现有相关政策与实践当中，发挥应对气候变化与节约资源、保护环境对策的协同效应，提升高能耗行业能源生产、输送、加工和转换的节能管理水平。

（一）巴西

巴西被认为是可再生能源利用率最高的国家之一，主要通过政策手段干预能源的需求和供给。1975 年巴西政府以法令形式颁布了国家乙醇燃料计划（PROALCOOL），通过联邦政策协调和促进新能源市场上产品的供给与需求，采取包括直接补贴、配额、政府购买、价格管理以及立法行政干预等多种措施来为推广生物燃料创造条件。在技术层面，巴西是较早推行和掌握生物柴油技术的国家，在生物柴油计划（PNPB）的支持下，多家科研机构和高等院校都在从事生物柴油方面的技术研究。

（二）俄罗斯

俄罗斯的经济增长一直以丰富的能源资源为支撑，曾经忽视"节能与提高能效"，结果是俄罗斯能源效率严重落后于世界其他国家。为此，俄罗斯将节能减排提上国家战略高度，采取一系列的节能增效措施。颁布《2030 年前俄罗斯能源战略》等。例如，大量使用"绿色技术"，构建节能型经济发展模式；对高能耗、高污染和高排放的企业进行技术和装备升级；利用碳市场配额吸引国际生态专项基金；加快对传统煤炭、石油能源部门的升级和结构调整，提高产成品的质量和设定较高的污染物排放标准。

（三）印度

印度在各方面积极推行开放政策，尤其是在能源部门积极推行监管改革、实行自由化，并颁布了一系列政策法规，以实施对清洁能源的推动监管。《2005 年国家电力政策》是印度通过提高能源效率降低GDP 的能源密度的重要举措。该政策规定包括：不断提高高能耗设备和交通工具的能源效率，减少能源在运输途中的损耗；实施能源效率标准，重点关注耗能设备，对不能满足最低能效标准的设备处以罚款；在高能耗的部门制定最低能耗标准线；在发电部门提高总效率，在城市提倡公共交通、推广节能车辆和使用铁路货运等。此外，其他国家标准和原则的颁布，如《国家建筑标准》规定了印度政府对九大工业高能耗部门进行"能源审计"，《国家清洁发展机制》则主要在于缓解清洁能源新技术所带来的技术风险和市场不稳定。

（四）中国

中国政府颁布一系列促进可再生能源发展的主要法律、法规、政策和规划，促进产业和产品向低能耗方向调整；明确低能耗产品、技术标准；通过专项拨款、技术奖励、税收激励、价格指导、产业布局等措施进一步提升能源利用效率，尤其是电力使用效率方面处于国际领先水平，"中国式智能电网"系统作为重要清洁能源领域的重大创新，能够优化电力分配和供给，节约电力损耗和提升能源整体使用效率。

（五）南非

南非通过环境金融机制改革，寻求通过融资机制和制度建设来促进能源效率提升和实现对能源需求的管理，如制定能源税费政策提升对不可再生能源和矿产开采行为的有效管理；另外，通过出台相关环境法规，如《国家可再生能源和清洁能源发展白皮书》《矿产和石油资源开发法》《矿产技术法》等，鼓励在可再生能源、清洁技术、矿产开采技术和采矿安全技术等领域的国际合作，走可持续发展道路。

四　可再生能源结构和技术发展水平

从可再生能源结构和技术发展水平上看，金砖国家间既存在普遍的相似性也具有一定的互补性，这为金砖国家间气候合作提供了重要的前提条件。目前来看，金砖国家间合作优势在于低碳技术研发能力处于国际领先水平，如巴西的生物能源技术、俄罗斯的核能技术、中国在智能电网方面等均存在长期合作的潜力。具体按可再生能源构成来看。

（一）巴西

由于气候条件适宜，耕地范围广阔，巴西是世界上少有的几个具备发展能源农业条件的国家，其在乙醇燃料、生物柴油等生物能源技术方面处于金砖国家乃至世界前列，具有显著的比较优势。目前，中国、印度、南非、俄罗斯在生物质能领域均与巴西存在密切合作关系，且中国的生物质能沼气技术发展较早、成果显著，是巴西生物燃料的最重要出口国和战略合作伙伴国，具有共同开发生物质能的基础。虽然巴西在水资源、太阳能、风能方面具有资源禀赋优势，但由于气候、水文和技术等条件限制，其资源利用程度仍然不高。中国在太阳能光伏领域和水电领域具有较强的融资能力和建造经验，能与巴西在此领域实现优势互补，而且中国的特高压输电技术能够较好地解决巴西因地理原因所导致的远距离输电困难，因此具有广阔的合作前景。

（二）俄罗斯

俄罗斯是世界核技术领先国家，在核能领域较其他金砖国家有明显的比较优势，核电产业已成为其支柱产业之一。通过大力推动本国核电出口，俄罗斯已与巴西等国签订铀矿资源开发与和平利用核能协议；与印度在提供核燃料和核废料处理技术等领域展开密切合作；与南非签署了核能和工业合作战略伙伴协议，帮助南非建设装机容量为960万千瓦的核电站。中俄作为能源需求大国，在核能合作方面具有成功经验，如中俄经济合作最大项目——田湾核电站建设，以及在建设浮动核电站、核应急研究及铀矿勘探等领域均具有广阔的合作空间。此外，中俄同时也都是水电蕴藏量大国，发展小水电是两国的共识，两国在水电和地热发电等领域也具有深度的合作潜力。俄罗斯在风能、太阳能、生物质能领域虽然也具有巨大的开发潜力，但由于技术装备落后，高生产成本和高国内赋税等一系列原因，国内市场也未启动。中国、印度等国在技术、资金、市场优势等方面与俄罗斯形成明显的优势互补，奠定了在这些领域的合作前景。

（三）印度

印度作为太阳能最丰富的地区之一，拥有巨大的利用潜力。近年来，印度的太阳能光伏电产业发展迅速，但在目前的技术和设备条件下，印度的太阳能光伏电成本较高，仍存在入不敷出的问题。作为世界最大的太阳能电池组件生产国，中国的光伏发电设备生产技术先进，成本更为低廉，与印度进行能源合作能够实现双赢。中印在风能合作上也具有广阔前景，目前中印企业在技术研发、关键组件精密性、发电效率等方面与发达国家仍存在较大差距，通过增加技术合作能够提升亚洲风电设备整体水平。印度作为世界第二大核聚变研究发展中国家，与俄罗斯合作密切，双方签署《深化印俄战略伙伴关系以适应不断变化世界挑战的联合声明》，重申在民用核能领域以及碳氢化合物领域进一步长期合作，并对建设库丹库拉姆核电站达成一致意见。

（四）中国

中国拥有丰富的水资源，因此在小水电开发方面处于优势地位。目前，中国的小水电设计、施工、装备制造均达到国际领先水平，主要与俄罗斯、巴西等国有合作开发项目。中国太阳能光伏发电生产成本较低、部分设备实现国产化，技术也优于其他金砖国家，但与国际领先水平仍有一定差距。中国多数地区不适用太阳能热发电，目前主要与俄罗斯、非洲、巴西等国家和地区签署了相关合作建设光伏发电场项目。中国智能电网产业的研发能力居于世界前列，特高压技术能够解决本国以及其他国家能源产地与电负荷中心相距遥远的问题，目前与巴西、印度、俄罗斯等金砖国家均有较密切的技术交流与合作。核电方面，中国具有建设安全性更高的三代核电设备的自主知识产权，但由于起步较晚、体系不完善、缺乏国际市场运营经验等限制，竞争力仍无法与俄罗斯相比。未来中国与俄罗斯在联合投资、订单转包、专家参与等方面的合作空间依然很大，优势互补明显。在生物质能方面，中国的沼气产业的规模呈逐年上升的趋势，同时中国也掌握了成熟的生物能源开发技术，但仍不具备成本优势和规模优势。未来可与巴西合作共同开发技术以提升整体产业竞争力。

（五）南非

南非的沿海风能和内陆太阳能资源具有较高的开发价值，但由于技术条件限制，资源开发和利用的效率较低。目前中国与南非在风电和太阳能发电等领域开展了较好的合作，如龙源公司、中非基金和南非穆里洛可再生能源公司的风电合作项目以及清华太阳能公司、南非中央能源基金等公司在南非共同开办太阳能热水器设备制造厂等。核领域方面，南非主要依靠与先进国家合作进口核原料和核技术，先后和俄罗斯、中国开展了该领域的合作。2013 年，南非能源部与俄罗斯签署了核能和工业领域合作战略伙伴协议，俄罗斯将协助南非建设总装机容量为 960 万千瓦的核电站。此后，《中核集团与南非核能集团核燃料循环全面合作谅解备忘录》的签订标志着中国和南非正式建立核燃料循环全面合作的伙伴关系，对推动两国核能领域合作具有重要意义。

尽管如此，金砖国家仍然需要克服经济增长模式不合理的弱点，培育新的竞争优势和竞争力，消除经济增长中的短板和软肋，转向科技创新和高端结构的增长轨迹。因此，未来金砖国家除各自努力外，更加迫切的需求是加强彼此间气候合作，实现资源和技术共享，共同探寻能源合作的可能性，为低碳经济发展提供更加有力的支撑。所以，金砖国家在低碳经济发展合作中更应注重合作机制的建设以及合理路径的选择。

首先，金砖国家间气候能源应进一步完善制度性框架。目前金砖国家间合作还存在一定的问题，如经济依存度不高、能源结构矛盾、经济发展水平差异大等。虽然金砖国家共同参与了一些国际气候和能源会议、论坛和组织，但所参与的多数是协调型或对话型组织，还没有深度参与同盟型和协作型国际组织。为避免金砖国家的合作流于形式和泛化，切实提高合作机制的合理性与实效性，必须加快推动金砖国家合作机制由松散的论坛形式向紧密联系的制度化机制转变。通过设立专职协调机构，强化气候对话和协商，避免相互掣肘及零和博弈。就目前来看，可以借鉴亚太经合组织的合作方式，建立顶层机制来负责组织和指导各国能源产业、金融部门和社会组织展开合作。

其次，金砖国家间加强能源需求管理，共同推进可再生能源合作的双边机制建设。金砖国家可以通过共同开发能源技术以及商讨高效的能源综合利用方案等，来建立新的能源合作机制，重点方向在于可再生能源合作。目前，金砖国家双边合作不断深化，成果颇丰。其中，中俄两国具有核能与水电合作的成功经验，伴随着中国核电建设的重启和俄罗斯远东地区的开发，未来继续合作的空间广阔。可再生能源领域方面，中俄在太阳能、风能、生物质能领域的合作也已经展开，《可再生能源和提高能效的框架协议》《成立可再生能源合资企业总协议》等的签署，迅速推动了中俄的合作发展道路。中巴合作持续加强，实现了互利共赢。2009 年中国与巴西达成 100 亿美元的"贷款换油"协议，此后中巴签署了《中国政府与巴西政府 2010—2014 年共同行动计划》《关于能源和矿业合作协定书》等，涉及能源、能效和可再生能源多个领域。印俄合作以印俄峰会为平台，相继签署了民用核能合作协议和油气合作协议，在核能和石油天然气勘探、开采、运输和加工等领域开展合作。此外，中印、中非、俄非也积极开展了双边合作，领域包括核能、太阳能、风能等。

再次，金砖国家间进一步探寻多边机制合作，共同应对能源、气候变化等全球治理问题。以金砖国家峰会为平台，包括中国在内的金砖各经济体进行了一系列的多边能源合作。2012 年金砖国家领导人第四次会晤发布《德里宣言》，金砖五国将开发清洁和可再生能源，推广能效和替代技术，以及在清洁和可再生能源领域开展知识、技能和技术交流，金砖五国一致同意开展多边能源合作。目前金砖国家内部双边能源合作的开展，已经为金砖国家多边合作累积了战略互信，金砖国家需要进一步加强多边能源合作，包括能源安全合作，建立金砖国家能源交易数据库，构建能源危机预警机制和安全应急机制；推动金砖国家能源贸易与投资的自由化，积极落实和完善《金砖国家贸易投资合作框架》，立足本国优势，在能源勘探与开采、加工与转化以及新能源联合研发领域，实现资源共享。面对全球经济增速放慢的趋势，金砖国家需要进一步扩大相互间的能源贸易与投资，充分发掘各自庞大的潜在市场需求优势和先进的能源科技优势，为自身经济与全球经济的可持续发展创造条件。

最后，金砖国家间寻求气候治理机制的关键性领域合作，利用金融杠杆有力支撑和实现能源结构转型。金砖国家开发银行的设立为促进全球气候治理提供了契机。2014年在巴西举行的第六次金砖国家领导人峰会上达成的《福塔莱萨宣言》宣布成立金砖国家开发银行，目的是为金砖国家和其他新兴市场与发展中国家的基础设施建设和可持续发展项目筹措资金。《福塔莱萨宣言》强调可再生能源和清洁能源、新技术研发和提高能效是推动可持续发展、创造新的经济增长、降低能耗并提高自然资源使用效率的重要动力。金砖国家开发银行将重点放在支持五国与低碳经济相关的科技创新项目上，包括新能源、新能源汽车、节能环保、提高能效、清洁煤炭、煤液化、碳捕捉与封存技术等，将低碳技术研发实力较强的大学和科研机构作为扶持对象，并为金砖国家间技术信息和资源共享提供了机制和平台，为金砖国家气候合作开辟了新通道。

第 二 章

金砖国家的经济增长模式及减排压力

　　"金砖国家"这一新兴经济体集合的诞生，无疑为世界做出了巨大的贡献。无论是经济、政治、文化之间的互相交流，还是对环境、生态文明等做出的贡献都是不容小觑的。低碳经济是一种全新的经济发展模式，其低能耗、低污染、低排放的特点，以及进行合理有效的经济发展是未来世界经济发展的一种全新模式。近些年来，金砖国家经济发展速度较快，但增长模式还需完善和改进，产业结构和政策也需要调整。低碳经济下金砖国家的发展还处于相对不稳定的局面。本章针对如何发展低碳经济以及金砖国家目前经济的增长模式进行研究，分析了金砖国家相关产业政策的实施及调整。金砖国家需要积极建构未来国际气候秩序以维护自身发展权利，同时需要尽快转变发展方式以实现可持续发展，积极转变完善产业政策，加快鼓励新兴战略产业政策出台，为低碳经济下金砖国家的合作打下坚实的基础。

　　金砖国家的发展依托于金砖国家自身的资源优势、要素的大量投入、技术的不断研发、产业政策的不断调整、新兴产业的快速出现等等，其发展的可持续性仍然是一个很大的疑问。因此，这一国际格局转型趋势能否持续的两大基本前提：一是金砖国家能否保持自身发展的可持续性，二是在日益增多的全球性问题治理及其未来秩序塑造上获得足够权力，而这两大问题恰恰也与气候变化下的全球治理密切相关。

◇ 第一节　金砖国家经济增长模式的比较研究

金砖国家在工业化进程中处于不同的发展阶段，经济增长模式呈现出不同的特点，这是由金砖国家不同的产业结构和驱动因素造成的。

巴西近年来一直在努力转型经济增长模式。但是，巴西在 2015 年至 2016 年间经历了巨大的经济下滑之后，经济复苏较为缓慢，并未见明显好转。[①] 在很长一段时间内，由国家主导的以进口替代工业化为基础的经济增长方式是巴西经济的主流。1930 年至 1980 年这五十年间，进口替代工业化的发展模式曾经让巴西建立起完整的工业体系，保持较高的经济增长率。但是，这种工业化模式的缺陷在于保护主义严重、国家对市场过度干预等因素降低了经济效益，阻碍生产率增长，恶化资源配置，限制私人部门活动（苏振兴，2014）。巴西经济在 20 世纪 80 年代后经历大幅震荡，经济增长的神话未能持续。巴西政府未能及时调整经济增长模式是造成这一后果的重要原因。巴西政策制定者曾希望进口替代工业化能为该国带来更大的经济独立性。然而，工业化只会改变依赖关系的性质，进口系数（进口/国内生产总值）并未大幅下降，只是进口的商品构成发生了变化。因此，巴西目前还在很大程度上依赖对外贸易。此外，由于工业化是通过在最具

---

① Akrur Barua, "Brazil: New President, Old Economic Challenges", *Deloitte Insights*, December 2018.

活力的工业部门进行大规模的外国投资来实现的，因此外国对生产资料的开发和使用的影响大大增加。现在，巴西的经济增长仍然主要依赖于自然资源、初级产品等在国际市场上价格的提高，对资源出口的依赖性是这种经济增长模式的隐患。巴西经济增长一直在向集约型转变，但是缺乏足够的人力资本使巴西的产业结构升级问题重重。

俄罗斯的经济增长模式多年来陷入难以改变的停滞状态。从1991年苏联解体，俄罗斯联邦独立以来，俄罗斯的经济发展一直极为缓慢。俄罗斯曾经在20世纪90年代初选择"休克疗法"进行市场化经济转型，但这种以自由化和放松管制为核心内容的转型方式伴随着政府缺位严重，导致经济动荡、贫富差距扩大。虽然俄罗斯出现过巨大的经济增长，但这种增长多归因为一段时间内国际油价的上涨。"有增长，无发展"是俄罗斯经济发展面临的挑战。俄罗斯经济始终依赖于能源，结构转型在多种因素的作用下无法有效实施，支持经济起飞所需要的资本、市场和劳动力资源都无法得到满足（杜鹃，2018）。俄罗斯无疑是想改变这种原料经济发展模式，因此非常强调构建新经济增长模式的必要性。但是，俄罗斯真正的经济危机根植于内部。俄罗斯的产业结构导致转型尤为困难。原料经济对经济增长的贡献率通常达到1/3以上，对国家财政收入的贡献达到一半左右，对出口贸易的贡献率甚至能高达2/3，同时还决定了社会公共事业的发展（程伟，2017）。在这样的情况下，想要摆脱长期以来形成的经济增长模式难度很高。俄罗斯经济的实质问题在于物质生产部门规模萎缩、劳动力生产率低下和产出能力下降（徐坡岭，2018）。

印度经济近年来处于经济快速增长的阶段。印度经济模式在金砖国家中有和其他几国不一样的特点。首先，印度经济对外部依赖程度较低，国内消费是拉动其经济增长的主要动力。印度的贸易壁垒较为严重，对国际市场依赖性相对较低，对外资金依存度也较低（田小伟，2013）。印度开放程度虽然较其他金砖国家略低，但也在很大程度上保护了印度的本土企业。其次，印度服务业自20世纪90年代以来一直是国民经济的支柱产业。信息产业、金融服务业等是印度服务业的主要组成部分，这些产业也使印度在发展中国家竞争中占据了优势地位。在产业结构上的侧重也注定了印度十分重视知识经济的作用。知识经济在印度GDP增长率中的贡献高达51%（刘喆，2011）。再次，私营经济在印度经济中占有很高比重，私营经济的发展有良好的市场环境和政策环境。私营经济在印度国内的一个重要作用就是提供了大量的就业机会，对印度经济发展至关重要。最后，印度经济增长模式也存在着诸多严重的问题。印度经济想要有更进一步的发展，至少要解决基础设施建设、劳动力、政府腐败等多个领域的问题。以劳动力问题来说，印度虽然耕地面积可观，粮食能够完全自给甚至少量出口，但是人口增长的速度过快，对农业的压力日益增加。印度高精尖产业虽然汇聚了大量人才，但整体人口素质仍然偏低，劳动力质量参差不齐。再加上教派、种族、民族等问题，也制约了印度的劳动力潜力的开发。总之，印度经济增长倚重国内消费的模式既是印度经济这些年腾飞的动力，也在一定程度上影响了开放能够为印度带来的红利。印度政府也意识到了这一点，莫迪上台以后经济改革的重点就放在了减少政府干预和扩大对外开放上。

南非是金砖国家合作机制中的新成员，它具有独特的地缘和经济优势。自20世纪90年代初以来，南非经历了民主过渡，在政策制定过程中进行基础广泛的磋商，健全宏观经济政策框架，建立强有力的制度来保障法治。南非通过再分配和提供广泛的群众可获得的关键公共服务，尤其是教育、健康、住房、水、卫生和电力等方面，实现了社会进步。南非财经、法律、通信、能源、交通业较为发达，拥有完备的硬件基础设施和股票交易市场，黄金、钻石生产量均居世界首位，深井采矿等技术居于世界领先地位。南非还是非洲地区最吸引海外投资的国家，无数知名跨国企业选择在南非投资，因为这里提供了优越的政策环境，并且安全条件在非洲国家中具有优势。在过去二十年中，南非经历了两种不同的经济增长模式。2008年的全球金融危机造成的经济衰退严重地影响到了南非，南非经济在此前有过一段中速增长，主要依靠的是大宗商品高价和国内有利的条件。但是2008年后，南非经济迅速下滑，至今未能完全从全球经济衰退的影响中走出来。目前的经济发展主要还是依靠私人消费支出和政府支出推动GDP增长。南非政府支出占GDP的比重在2017年达到34.42%，南非经济增长似乎陷入了停滞，更严重的是南非目前的高失业率。这一方面是和工资水平过高有关，另一方面也是因为南非缺少有力的经济增长引擎。20世纪90年代初以来非矿产贸易部门萎缩，特别是出口导向型制造业的疲软使南非在技能分配低端的行业上失去了增长机会和创造就业的机会。南非迫切需要找到新的经济增长模式，解决经济难题。

中国经济增长模式是金砖国家中最被外界关注的，这主要因为中国经济的表现能够直接影响全球经济的发展。中国自改革开放以来，经济发展取得了伟大成就。"中国模式"一直被津津乐道，但对于这种模式的确切含义一直存在争议。有些外国学者认为中国经济增长模式可以概括为"政府主导、投资拉动、速度为重、效益为次、成本不计"（裴敏欣，2011）。但这种说法并不准确。中国经济增长模式具有其独特的优势。中国社会达成的"发展是硬道理"的共识，务实而有效的市场化改革，持续对外开放，深度介入国际分工体系等都是中国经济增长模式中的显著特点。中国市场经济体制中还有一个重要特点是"地方竞争"，每一级政府都是一个竞争主体，为争取投资改善政策环境，促进自身发展（刘世锦，2012）。"招商引资、制造出口"是中国在一段时间内的经济增长战略，以此调动国内外资源充分流动，促进全要素生产率的提升。中国过去的高增长模式固然也有其问题，其中最严峻的问题是增长模式导致的不平衡。增长模式如何从粗放型向集约型转变，从依赖外需到拉动内需是中国经济增长需要解决的难题。经济增长对资源、环境的影响也在日益扩大，对社会发展造成的后果也需要兼顾，这些都是不平衡的具体表现。中国早已意识到解决经济增长失衡的问题是现在必须面对的挑战，今后改革关注的重点会从单纯的经济增长扩展到更全面的发展问题上。

综上所述，金砖国家的经济增长模式不尽相同，但是面临的挑战却有一定的共性。第一，金砖国家多有经济增长模式从粗放型向集约型转变的需求。近些年来，金砖国家外汇储备迅速增加，同时充裕、廉价的劳动力也是金砖国家的优势所在，经济增长速度在全球范围内名列前茅。但是金砖国家的经济增长仍然受制于资源。通过引进外资，发展加工制造业和出口劳动密集型产品，虽然在很大程度上能够促进经济增长，但也伴随着粗放型经济发展模式导致原材料不足、能源匮乏等问题，成为经济发展的瓶颈。第二，金砖国家均需要处理经济增长与资源、环境、社会之间的矛盾。金砖国家要么严重依赖资源出口，要么因能耗太大而严重依赖资源进口，经济结构不合理问题愈发突出。与此同时，环境问题带来的压力也在不断增加。金砖国家分配不公、公共服务供给不足、失业率较高等问题也使社会矛盾日益突出，社会冲突的潜在风险上升。全球化对于国家治理体系和能力产生了不可估量的影响，金砖国家的内部问题也有全球化造成的影响。如何协调好资源、环境与社会之间的关系是金砖国家未来需要解决的难题。第三，金砖国家的经济增长面临的问题仅仅依靠自身或难以解决，如何处理与外部世界的关系也是解决经济增长问题需要面对的。一方面，金砖国家同为新兴大国，与其他发展中国家应当建立起互助、合作、共赢的南南合作关系。通过改进合作机制、扩展合作空间、增强战略对接能力等，加强与其他发展中国家和发展中国家组织的广泛伙伴关系，共谋发展。另一方面，金砖国家仍然不可避免地要与发达国家保持密切的经济联系，但同时这种关系也受到逐渐增加的竞争考验。从这个角度来说，来自发达国家的投资贸易机会在今后是否仍然能构成金砖国家的主要增长动力，具有了相当的不确定性。因此，金砖国家处理好与其他国家的关系，也是为自身的发展寻求新的突破。

◇ 第二节　低碳经济下金砖国家的减排压力

一　低碳经济的内涵

什么是低碳经济？低碳经济就是要求碳的排放量要降低，在可持续发展的大方向下，通过新技术、新制度、新产业、新能源开发等多种方式，保证社会经济也发展了，而且还不对环境造成破坏的一种都有利的发展模式。

"低碳经济"的概念第一次出现在 2003 年英国能源白皮书《我们能源的未来：创建低碳经济》中① （*Our energy future—creating a low*

---

① UK Energy White Paper: *Our energy future—creating a low carbon economy*, 2003.

carbon economy, 2003）。低碳经济提出的大背景，是人类和世界面临着温室气体过量排放的挑战，发展低碳经济是全球应对气候变化的必然发展途径，《京都议定书》的签署使得各个国家纷纷走上了节能减排、发展低碳经济的道路，而且为了未来能够可持续发展，发展低碳经济也是必然之举，因此，大力发展低碳经济将成为以后全球经济发展的主流。

二 金砖国家面临的温室气体减排压力

金砖国家的经济、社会和第一、第二、第三产业的发展导致对能源生产和消费需求的迅速增长。目前世界温室气体排放总量巨大，有超过 55 个碳排放量超过 61% 的国家签署了《京都议定书》，这是一种责任，同时更是对全球经济发展所做出的一种承诺。但是，温室气体减排并不是一蹴而就的，金砖国家如今温室气体排放量依然很大，面临着巨大的压力，因此，需要加快对经济增长模式的转型，调整产业政策，共同应对温室气体排放带来的威胁和挑战。

（一）中国

2016 年中国的 CO_2 排放量占全球排放总量的 28%，人均 CO_2 排放量约为 7 吨。这是因为中国正处于高速发展工业、建设城镇的阶段，对能源需求非常大，而且需要的能源主要是煤。2007 年，中国在能源方面的碳排放就已经是全世界最多的。中国目前经济发展出现了很多问题，其中最需要解决的主要问题是：在追赶发达国家的同时，要提高对煤炭的使用效率，从而减少 CO_2 的排放量，加快对新能源、可再生能源和新兴产业的发展等。

（二）印度

2016 年印度的 CO_2 排放量占全球排放总量的 6.4%，人均 CO_2 排放量约为 2 吨。在今后的几年里，还有递增的趋势。印度人口众多，而且工业相对落后，因此国家急需转变经济发展方式，向新兴产业方向发展，加快产业政策的调整，树立人们的环保意识。

（三）俄罗斯

俄罗斯的 CO_2 排放总量近些年一直保持着小幅度的增加，2008 年排放总量比 1990 年苏联时期的排放总量减少了 27%。苏联解体后，各行各业的经济都非常萧条，1998 年 CO_2 的排放量比 1990 年降低了 34%，而在 1999 年和 2000 年这两年间，因为世界能源的价格不断上调，俄罗斯的经济重现了之前的势头，CO_2 排放量每年也都增加约 3%。俄罗斯需要改变一下经济发展方式，大力推行低碳经济的发展，逐渐向低碳环保的方向迈进。

（四）巴西

1990 年至 2016 年，巴西的 CO_2 排放量一直在不断地增长，但是和中国、印度、俄罗斯相比，巴西的 CO_2 排放量还是相对较少的，2016 年 CO_2 的排放量只占世界的 1.3%。巴西的低碳经济已经表现得十分出色了，国家只需维持和积极因地制宜、因时制宜的调整产业政策即可。

（五）南非

南非在 1990—2016 年期间，CO_2 排放量一直都在不断增加。2016

年南非的 CO_2 排放量占全球的 1.28%。这是因为南非的发展相对落后，在很多行业发展中都需要使用化石燃料（特别是煤炭）。2008 年南非的 CO_2 排放量比 1990 年增加了 32.5%，但是在年增长率方面还是相对较低的。值得一提的是，2008 年南非的 CO_2 排放量虽然在非洲国家中占比很高，占了大约 38%，但在全球占比很低，只有 1.1%。南非在未来的数年里，应加大对新能源、可再生能源的发展。

通过上述金砖各国数据可知，在金砖各国的碳排放量中，中国和印度的碳排放量在世界碳排放中占有很大比例，其他三个国家都处于较为平缓的趋势，不会有很大的变化。但金砖国家仍然面临着巨大的温室气体减排压力，减少碳排放量是金砖国家未来发展的重中之重。

第 三 章

金砖国家工业经济发展特点
及优势产业的分析

为了发现金砖国家工业经济的发展特点及优势产业，本章借助了金砖国家内部三个产业增加值占 GDP 的比重、金砖国家之间三个产业增加值占 GDP 的比重来分析与比较国家之间的产业结构特点，同时结合金砖国家三次产业增加值的年均增速来分析其产业结构变化幅度及结构变化对 GDP 的影响大小。由于本章所用的数据来自 WIOD 数据库，其中不包含南非的数据，并且南非成为金砖国家的时间最晚，因此下文将只对其他金砖四国展开研究。

◇◇ 第一节　金砖国家三次产业结构特点及变动

表 3—1 将从世界投入产出数据库 WIOD 2013 RESEASE 下载的金砖四国产业增加值表格和碳排放表格中的 35 个产业划分为第一、第二和第三共三个产业，并且在三个产业内部进行了归类划分，具体划分结果请参考表 3—1。① 后文在"金砖国家三次产业结构特点及变

---

① 由于 WIOD 数据库中没有南非的数据，故下文只研究其他金砖四国。

动""金砖国家第二产业内部结构特点与比较""金砖国家第三产业
内部结构特点与比较""金砖国家三次产业 CO_2 排放的对比"中关于
产业结构的划分都参照了表3—1的分类方法。

表3—1　　　　　　　　　　**WIOD 数据表产业划分方法**

产业	细分产业	行业
第一产业	农、牧、林、渔业	农、牧、林、渔业
第二产业	采矿业	采矿与采石
	制造业	食物饮料和烟草、纺织品制造、皮革和相关产品制造、木材及其制品、纸和纸制品制造、焦炭和精炼石油产品制造、化学品及化学制品制造、橡胶和塑料制品制造、其他非金属矿物制品制造、基本金属与加工金属制造、机械设备与电气、光电设备、运输设备、其他与回收
	电力、热力、燃气及水的生产和供应	电、煤气与供水
第三产业	建筑业	建筑业
	贸易	批发和零售业、汽车和摩托车外的批发贸易、汽车和摩托车外的零售贸易
	服务业	食宿服务
	运输、仓储、邮政	陆路运输与管道运输、水上运输、航空运输、其他辅助运输活动和旅行社的活动
	信息服务	信息和通信
	金融和保险	金融和保险
	不动产与租赁	房地产、出租和租赁
	公共行政、教育和卫生	公共管理与国防、强制性社会保障、教育、人体健康和社会工作
	其他服务	其他社区与个人服务、有雇员的私人住户

数据来源：WIOD 2013 RESEASE。

一 金砖国家内部三次产业结构特点

巴西——"三、二、一"格局，[①] 第一产业占比几乎不变，第二产业占比小幅下降，第三产业占比持续上升。巴西三次产业产值占GDP 的比重按大小依次是第三产业、第二产业和第一产业，第三产业占据绝对优势，第一产业产值占比几乎不变，第二产业产值下降，第三产业产值上升。2001—2009 年第一产业占比一直维持在 5%—7.5%之间的相对较低的水平，变化幅度不大；第二产业产值占比有升有降，总体呈现下降的趋势，2001—2004 年比重轻微上升，2004年比重最大达到25%，2005—2009 年比重轻微下降，变化幅度不大；第三产业产值在 GDP 中占比最大，比重在68%—73%之间，远远高于第一、第二产业比重。

表 3—2　　　　　　　金砖四国三次产业占 GDP 的比重　　　　　单位:%

年份	巴西			俄罗斯			印度			中国		
	第一产业	第二产业	第三产业	第一产业	第二产业	第三产业	第一产业	第二产业	第三产业	第一产业	第二产业	第三产业
2001	6.0	21.6	72.4	7.4	28.2	64.4	22.6	19.7	57.8	14.4	39.7	45.9
2002	6.6	21.8	71.6	6.6	27.3	66.1	20.3	20.5	59.2	13.7	39.4	46.8
2003	7.4	23.2	69.5	6.3	26.5	67.2	20.3	20.1	59.5	12.8	40.5	46.7
2004	6.9	25.0	68.1	5.6	30.6	63.8	18.6	20.7	60.6	13.4	40.8	45.8
2005	5.7	24.4	69.9	5.0	32.7	62.3	18.6	20.6	60.8	12.1	41.8	46.1
2006	5.5	24.0	70.5	4.5	32.0	63.5	17.9	21.3	60.9	11.1	42.2	46.7

---

① 当三次产业的增加值占GDP 比重按大小排序依次是第三产业、第二产业和第一产业，概括为产业结构呈现"三、二、一"的格局，其他类似。

续表

年份	巴西			俄罗斯			印度			中国		
	第一产业	第二产业	第三产业	第一产业	第二产业	第三产业	第一产业	第二产业	第三产业	第一产业	第二产业	第三产业
2007	5.6	23.0	71.5	4.4	30.7	64.9	17.7	21.2	61.1	10.8	41.6	47.6
2008	5.9	23.0	71.1	4.4	29.7	66.0	17.0	20.3	62.8	10.7	41.5	47.8
2009	5.6	21.6	72.8	4.7	27.3	68.0	17.2	19.2	63.6	10.3	39.7	49.9

数据来源：WIOD 2013 RESEASE。

表3—3　　　　　　　　金砖四国三次产业年均增长率　　　　　单位:%

国家	GDP			第一产业			第二产业			第三产业		
年份①	1	2	3	1	2	3	1	2	3	1	2	3
巴西	12.9	11.4	11.2	23.9	1.1	12.3	14.7	13.0	7.4	11.5	12.0	12.4
俄罗斯	21.1	25.5	14.9	15.9	12.7	16.0	14.4	34.1	9.3	24.9	23.2	17.5
印度	9.7	14.6	15.4	6.0	9.9	13.9	8.8	16.8	11.6	11.5	15.4	17.1
中国	11.0	16.8	16.5	5.2	11.7	13.8	11.2	18.4	14.2	12.8	16.7	19.1

数据来源：WIOD 2013 RESEASE。

俄罗斯——"三、二、一"格局，第一产业占比持续下降，第二产业占比总体下降，第三产业占比大幅上升。俄罗斯三次产业构成按照比重大小依次是第三产业、第二产业和第一产业，第三产业产值占比远远超过第一产业和第二产业。2001—2008年第一产业产值占比持续下降，变化幅度不大，比重从7.4%下降到4.4%，可见，俄罗斯的第一产业发展在走弱；第二产业比重总体呈现下降趋势，2001—2003年比重大幅下降，2004—2006年比重有所恢复，2007—2009年又小幅下降，总体维持在26%—33%之间；第三产业在俄罗斯经济中

① 1：2001—2003年；2：2004—2006年；3：2007—2009年。

占据主导地位，第三产业发生了明显变化，变化趋势与第二产业相反，且第三产业的变化幅度相对较大，2001—2003 年第三产业产值比重大幅上升，2004—2005 年比重大幅下降，2006—2009 年又急剧上升，最大在 2009 年达到 68%。总之，俄罗斯第三产业发展态势趋好，第一产业和第二产业发展相对不乐观。

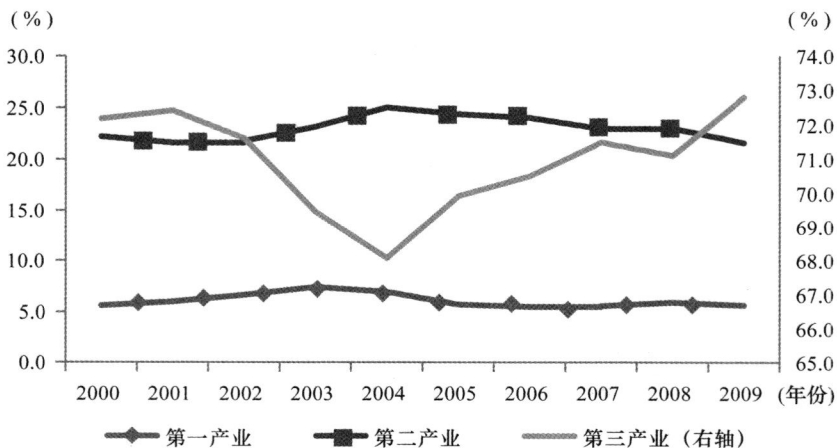

图 3—1　巴西三次产业增加值占 GDP 比重

数据来源：WIOD 2013 RESEASE。

印度——"三、二、一"格局，第一产业和第二产业占比相近，第三产业主导，第二产业不足；第一产业占比逐步下降，第二产业占比逐步上升，第三产业占比大幅上升。印度产业结构组成按照占比大小依次是第三产业、第二产业和第一产业，第三产业比重占据绝对优势，第一产业和第二产业产值占比水平相近，而巴西和俄罗斯第一产业产值占比维持在一个相对较低的水平，第二产业产值占比明显大于第一产业。2001—2009 年第一产业产值占比逐步下降，从 22.7% 下降到 17.2%；和第一产业变化相反，第二产业产值占比逐步小幅上升，变化幅度小于第一产业，2004 年第二产业产值比重超过第一产业，可见，印度第二产业发展较为缓慢，对 GDP 增长的作用较小；第三产业产值占比持续大幅上升，从 2001 年的 57.8%上升到 2009 年的 63.6%，印度 GDP 的增长主要是受到第三产业的影响。

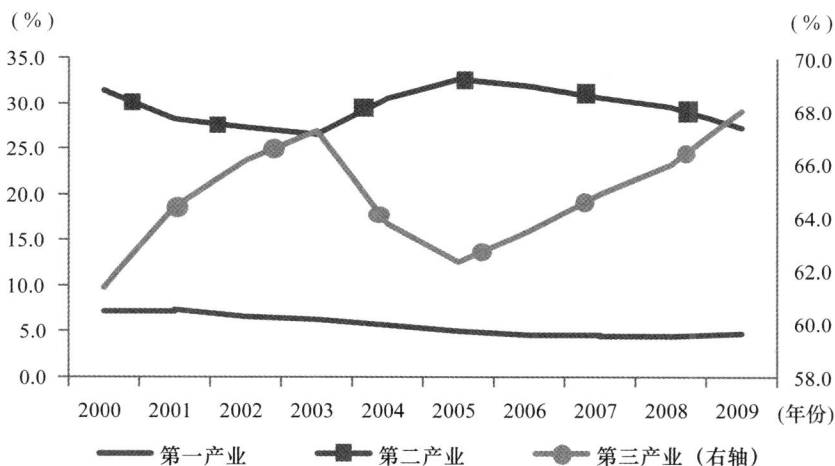

图 3—2 俄罗斯三次产业增加值占 GDP 比重

数据来源：WIOD 2013 RESEASE。

中国——"三、二、一"格局，第二产业和第三产业占比相近，第二、三产业发展并进；第一产业占比逐步下降，第二、三产业产值占比小幅上升。与巴西、俄罗斯和印度三个产业占比排序都是三、二、一，第三产业产值比重占据绝对优势，第一产业产值比重维持在较低水平的产业特点不同，中国的第二产业和第三产业产值占比水平相近，第一产业产值占比水平不是很低。2001—2009 年第一产业产值占比逐步下降，从 14.4%下降到 10.3%，只有 2004 年略微上升；第二产业和第三产业产值占比水平相近，且都基本呈现轻微上升的趋势，变化幅度都较小，第三产业产值占比一直略高于第二产业。

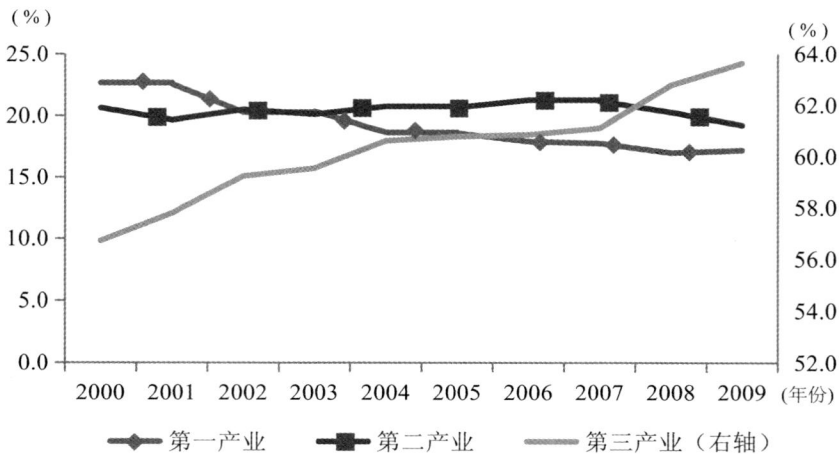

图3—3 印度三次产业增加值占 GDP 比重

数据来源：WIOD 2013 RESEASE。

二 金砖国家之间三次产业结构特点比较

2001—2009 年，金砖四国三次产业产值占 GDP 的比重有所差异，三次产业结构的变化情况也不大相同。中国的第三产业占据较大比重，第二产业与第三产业差距较小，巴西和俄罗斯的三次产业结构相似，印度呈现以第三产业为主、第二产业不足的特点，与中国变化情况不尽相同。

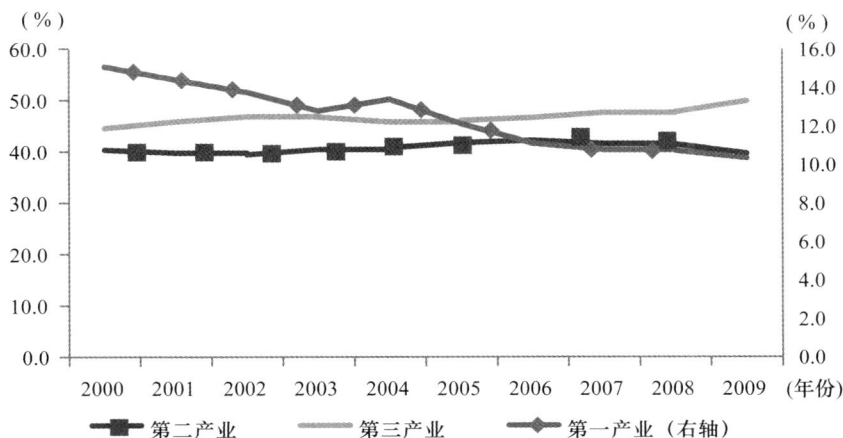

图3—4　中国三次产业增加值占 GDP 比重

数据来源：WIOD 2013 RESEASE。

　　从第一产业看，四国第一产业产值占 GDP 比重按大小排序依次是印度、中国、巴西和俄罗斯，印度第一产业占比一直在四国中最高，可见印度经济总量对农业的依赖程度最高；印度、中国和俄罗斯的第一产业比重都呈现总体下降的变化趋势，但是2006—2009年，第一产业比重变化幅度很小。印度和中国的下降幅度大于俄罗斯，2001—2004年巴西第一产业产值占比有升有降，2004年开始总体保持稳定的态势。其中2009年巴西、俄罗斯、印度和中国的第一产业产值比重依次为5.6%、4.7%、17.2%和10.3%。

　　从第二产业来看，四国第二产业产值占比按照大小排序依次是中国、俄罗斯、巴西和印度，2001—2009年中国第二产业产值占比处于39%—43%之间，俄罗斯第二产业产值占比处于26%—33%之间，巴西第二产业产值占比处于21%—25%之间，印度第二产业产值占比处于19%—22%之间，中国第二产业产值占比远远高于其余三个国家，几乎达到中国经济总量的一半，印度第二产业占比最小，四国中中国的工业化程度最高，印度的工业化程度最低。中国第二产业产值比重先升后降，变化幅度不大；2001—2003 年俄罗斯第二产业比重下降，2004 年占比出现较大上升，到 2005 年最高达到 32.7%，随后下降；2001—2004 年巴西第二产业产值比重出现较大上升，从 21.6% 上升到 25%，2005 年开始下降，2009 年恢复到 2001 年占比水平；印度第二产业产值比重总体呈现稳定的态势，四国中第二产业产值占比变化幅度较大的分别是俄罗斯和巴西。

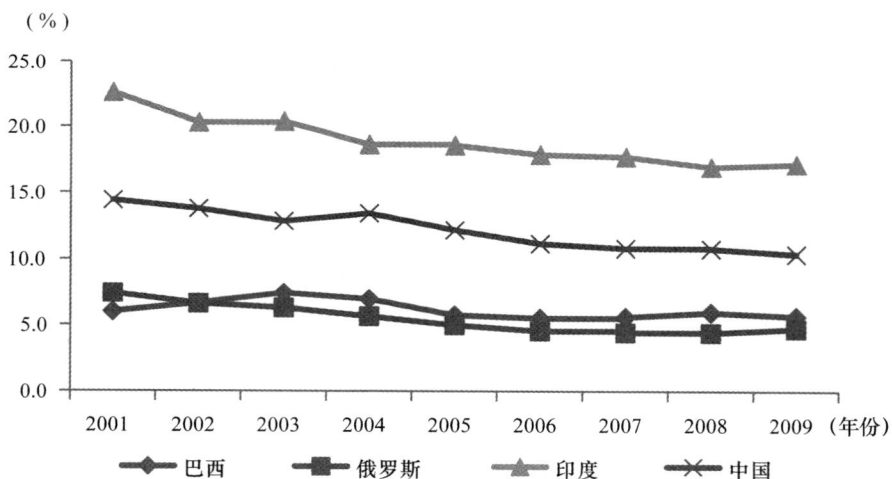

图 3—5 金砖四国第一产业产值占 GDP 比重

数据来源：WIOD 2013 RESEASE

从第三产业来看，四国第三产业产值占比按大小排序依次是巴西、俄罗斯、印度和中国，巴西占比优势最明显，第三产业产值占据了本国 GDP70% 左右的比重，俄罗斯第三产业产值占比略高于印度，

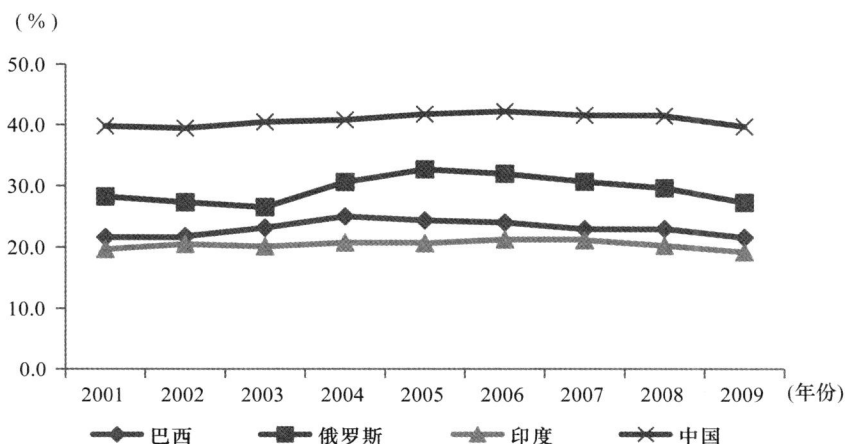

图3—6　金砖四国第二产业产值占 GDP 比重

数据来源：WIOD 2013 RESEASE。

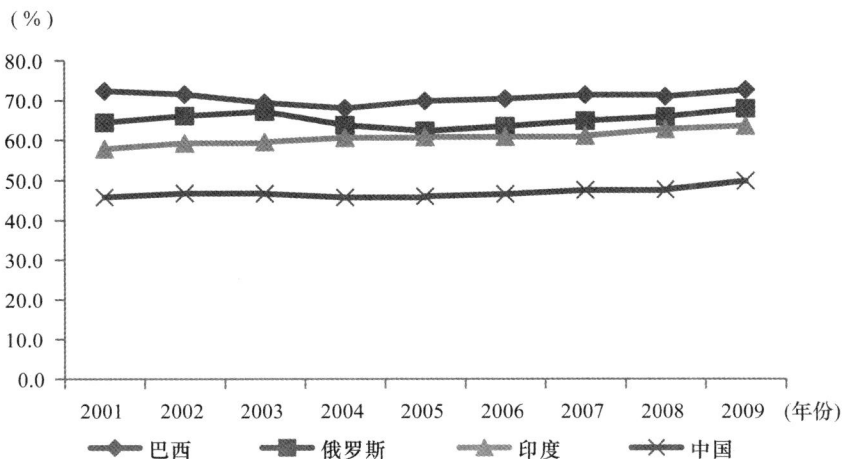

图3—7　金砖四国第三产业产值占 GDP 比重

数据来源：WIOD 2013 RESEASE。

中国第三产业产值占比最低，与前面三个国家第三产业产值比重有一定的差距，2001—2009 年中国经济总量对第三产业的依赖程度最小。

2001—2009 年四国第三产业产值占比总体都呈现上升趋势，2001—2004 年巴西第三产业产值占比下降，2004 年后上升；2001—2003 年俄罗斯第三产业产值占比出现较大上升，比重最大达到 67.2%，2004—2005 年出现较大下降，2005 年后开始恢复上升；印度第三产业产值占比持续上升，变化幅度不大。中国在 2001—2003 年间，第三产业产值保持稳定增长，但 2004 年出现严重下跌，随后恢复增长，2009 年第三产业占 GDP 比重近半。

◇◇第二节 金砖国家产业内部结构特点及优势产业

一 金砖国家第二产业内部结构特点

在第一节金砖国家三次产业结构特点的分析中我们发现，第三产业和第二产业在四国 GDP 中占了大部分比重，所以第二节借助"第二产业内部各行业增加值占第二产业增加值比重"、"第三产业内部各行业增加值占第三产业增加值比重"、"第二、第三产业内部各行业年增长率"找到四国的优势产业，并继续具体分析优势产业内部结构特点。其中，根据表 3—1 的分类方法，我们把第二产业（即工业）划分为采矿业、制造业、电力、热力和燃气及水的生产和供应三大部门，把第三产业划分为建筑业、服务业、运输和仓储与邮政、信息服务、金融和保险、不动产与租赁、贸易、公共行政和教育与卫生、其他服务九类。

1. 巴西

2001—2009 年，巴西第二产业呈现出石油开采业、金属加工业快速发展，纺织业、食品加工业急剧下降的特征。从巴西第二产业内部结构来看，依据比重大小排序依次是制造业、电力、热力和燃气及水的生产和供应、采矿业（图3—8）。制造业产值占据第二产业超过一半的比重，比重总体呈现下降趋势，2001—2003年制造业增速大于第二产业增速，2004—2006年增速大幅下降，小于第二产业增速，2007—2009年增速有所恢复（表3—4），制造业在第二产业中的地位逐渐下降；第二产业中占比第二的电力、热力和燃气及水的生产和供应比重一直维持在32%—35%，总体基本保持不变；巴西作为目前世界主要矿产出口国，2001—2009年采矿业在第二产业中占比总体呈现上升趋势，2001—2003年占比基本不变，2004—2008年采矿业占比大幅上升，从7.7%上升到14.1%，比重几乎翻一倍，2009年又大幅下降到8.5%。

从图3—8可知在巴西第二产业内部，制造业占有绝对优势，我们继续通过比较巴西制造业内部各行业占比来分析巴西的优势行业。从表3—5可以发现，在巴西制造业中占据重要地位的行业按照占比大小依次是食物饮料和烟草、化学品及化学制品制造、基本金属与加工金属制造、纺织品制造、纸和纸制品制造、焦炭和精炼石油产品制造。在以上优势产业中，2001—2009年比重呈现上升趋势的是食物饮料和烟草、基本金属与加工金属制造、焦炭和精炼石油产品制造，比重呈现下降趋势的是纺织品制造、纸和纸制品制造、化学品及化学制品制造，其中巴西的纺织业在制造业中占比大幅下降，基本金属与加工金属制造、焦炭和精炼石油产品制造这两个行业在制造业中占比大幅上升。可以认为，巴西正处于从劳动密集型的食品、纺织等轻工业过渡到采矿、石油、金属等资本密集型的重化工业阶段。

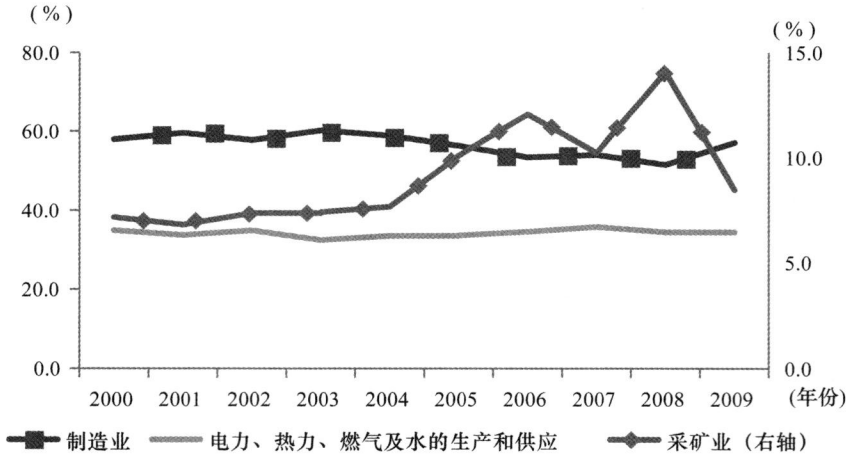

图3—8　巴西第二产业内部行业增加值占第二产业比重

数据来源：WIOD 2013 RESEASE。

表3—4　　　　　　　　　　巴西第二产业内部年增长率　　　　　　　　单位:%

年份	2001—2003	2004—2006	2007—2009
第二产业	14.7	13.0	7.4
采矿业	16.3	32.8	2.6
制造业	16.2	8.7	9.7
电力、热力、燃气及水的生产和供应	11.9	15.5	7.2

数据来源：WIOD 2013 RESEASE。

表3—5　　　　　　　　巴西制造业内部各行业占制造业比重　　　　　　单位:%

年份	2000	2001	2002	2003	2004	2005	2006	2007	2008	2009
食物饮料和烟草	18.9	21.6	21.1	19.5	20.6	20.9	22.2	19.9	19.7	20.1
纺织品制造	13.5	12.2	11.2	9.4	9.2	9.7	10.1	10.4	10.4	9.6

年份	2000	2001	2002	2003	2004	2005	2006	2007	2008	2009
皮革和相关产品制造	2.6	3.2	3.4	2.9	2.6	2.7	2.5	2.5	2.5	2.5
木材及其制品	3.4	3.4	3.7	3.4	3.3	2.9	3.0	3.0	3.0	2.3
纸和纸制品制造	13.1	11.5	11.1	11.1	10.8	9.8	10.3	10.3	10.8	9.6
焦炭和精炼石油产品制造	5.8	5.0	5.0	11.4	6.2	7.0	4.9	7.5	4.4	11.2
化学品及化学制品制造	17.9	17.9	17.6	15.9	17.7	17.0	17.2	16.3	15.9	16.1
橡胶和塑料制品制造	4.7	4.4	4.5	4.7	4.9	5.3	5.5	5.4	5.5	5.6
其他非金属矿物制品制造	5.3	5.3	5.4	5.6	5.1	4.7	5.7	4.8	5.5	5.5
基本金属与加工金属制造	14.7	15.5	17.0	16.2	19.6	20.0	18.5	20.0	22.3	17.5

数据来源：WIOD 2013 RESEASE。

2. 俄罗斯

2001—2009 年俄罗斯第二产业呈现出石油开采业快速发展，金属加工业急剧下降，纺织业、食品加工业占比极低的特征。2000 年以来，因为受到俄罗斯政府产业政策的正向影响，俄罗斯的第二产业出现了较大幅度的增长，特别是 2004—2006 年增幅达到 34.1%，2007—2009 年受到金融危机的影响，第二产业年均增长率为 9.3%，增速大幅下降（见表3—6）。从第二产业内部占比来看，制造业在第二产业中占比将近一半，总体呈现下降趋势；不同于巴西电力、热力、燃气及水的生产和供应在第二产业中占比明显高于采矿业的特点，俄罗斯的电力、热力、燃气及水的生产和供应、采矿业在第二产业中占比水平相近，其中 2004 年俄罗斯采矿业占比显著上升，同时电力、热力、燃气及水的生产和供应显著下降，采矿业占比开始超越电力、热力、燃气及水的生产和供应（见图 3—9）。

在俄罗斯制造业内部占据相对优势的行业按比重大小依次是基本金属与加工金属制造、食物饮料和烟草、焦炭和精炼石油产品制造、化学品及化学制品制造，其中食物饮料和烟草、化学品及化学制品制造在制造业中占比小幅下降，焦炭和精炼石油产品制造占比大幅上升，基本金属与加工金属制造占比大幅下降。从 2000—2009 年制造业内部各行业占比和变化情况来看，俄罗斯的制造业主要是资源产业在发挥作用，尤其是能源开采行业，但是俄罗斯的纺织业、纸和纸制品制造在制造业中仅仅占了 1%—6% 的相对较低的水平，且这两个行业的比重都呈现下降趋势。

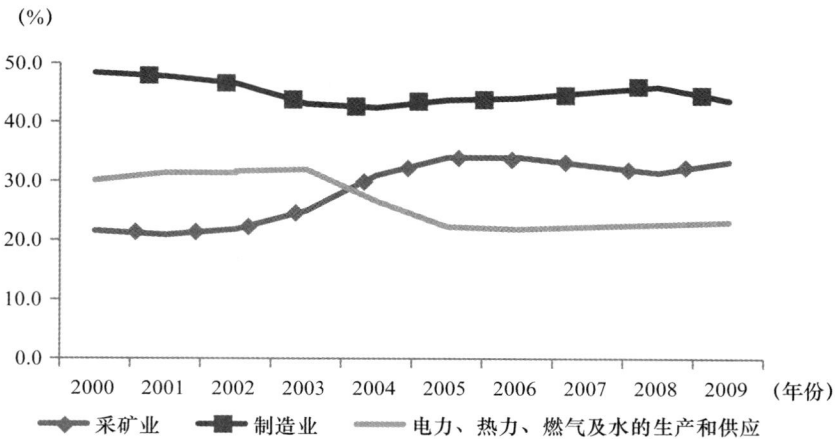

图 3—9　俄罗斯第二产业内部行业增加值占第二产业比重

数据来源：WIOD 2013 RESEASE。

表3—6　俄罗斯第二产业内部年增长率　　　　　单位:%

年份	2001—2003	2004—2006	2007—2009
第二产业	14.4	34.1	9.3
采矿业	20.7	50.4	7.9
制造业	10.1	35.0	9.5
电力、热力、燃气及水的生产和供应	16.7	17.8	11.3

数据来源:WIOD 2013 RESEASE。

表3—7　　　　　　　　俄罗斯制造业各行业占制造业比重　　　　　单位:%

年份	2000	2001	2002	2003	2004	2005	2006	2007	2008	2009
食物饮料和烟草	22.7	26.7	26.8	24.5	20.5	19.2	19.5	18.2	18.7	22.7
纺织品制造	3.0	3.2	3.2	2.6	2.7	1.9	2.1	2.2	2.0	2.1
皮革和相关产品制造	0.4	0.5	0.5	0.4	0.5	0.4	0.4	0.4	0.4	0.4
木材及其制品	3.8	3.5	3.4	2.8	2.8	3.0	2.9	3.2	2.7	2.5
纸和纸制品制造	5.6	5.5	5.3	5.9	5.2	5.1	5.1	5.2	4.9	5.2
焦炭和精炼石油产品制造	16.3	15.9	17.0	18.6	20.1	28.0	23.6	23.3	26.3	28.7
化学品及化学制品制造	10.3	8.8	7.9	8.7	8.4	8.2	7.8	7.4	10.4	9.2
橡胶和塑料制品制造	2.9	2.5	2.2	2.1	2.3	2.3	2.7	2.6	2.7	2.8
其他非金属矿物制品制造	6.1	6.5	6.6	6.1	6.0	6.2	6.8	9.3	8.5	6.7
基本金属与加工金属制造	29.0	27.1	27.2	28.2	31.5	25.7	29.1	28.2	23.4	19.6

数据来源:WIOD 2013 RESEASE。

3. 印度

2001—2009 年，印度第二产业呈现出石油开采业、金属加工业快速发展，纺织业劳动成本优势减小的特征。印度第二产业内部制造业是主导行业，占据了第二产业超过一半的比重，2001—2009 年制造业在第二产业中所占比重持续下降，从 58.9% 下降到 56.2%（图 3—10），且制造业的年均增长率始终低于第二产业的年均增速（表 3—8）；在第二产业中占比第二的电力、热力、燃气及水的生产和供应占比小幅上升，比重维持在 29%—32% 之间；而占比第三的采矿业比重大幅上升，比重最高达到 13.6%（见图 3—10）。

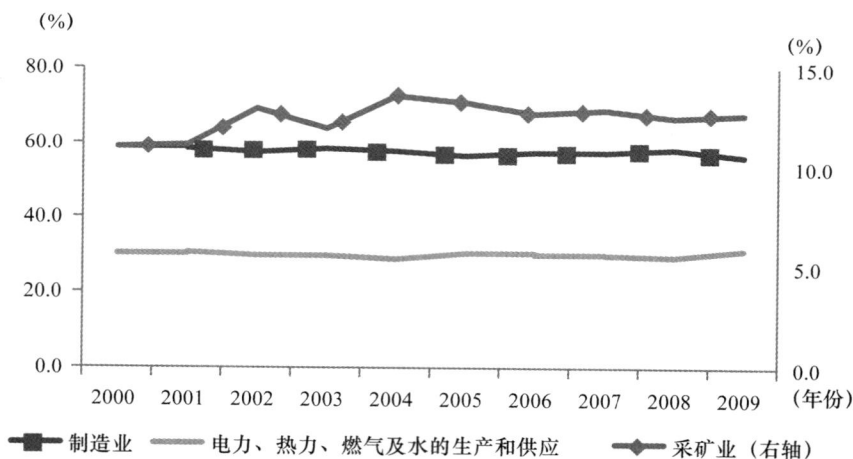

图 3—10　印度第二产业内部行业增加值占第二产业比重

数据来源：WIOD 2013 RESEASE。

在印度制造业内部按照所占比重排序依次是纺织品制造、基本金属与加工金属制造、化学品和化学品制造、食物饮料和烟草、焦炭和精炼石油产品制造。其中，比重有较大幅度上升的是焦炭和精炼石油产品制造、基本金属与加工金属制造，比重有较大幅度下降的是纺织品制造，比重轻微下降的是化学品和化学品制造、食物饮料和烟草。可见 2001—2009 年印度的第二产业中劳动密集型的纺织业仍然具备劳动成本优势，但是这种优势在逐渐减小，而资本密集型的化工行业正在逐渐发挥优势。

表 3—8　　　　　　　　　印度第二产业内部年增长率　　　　　　单位:%

年份	2001—2003	2004—2006	2007—2009
第二产业	8.8	16.8	11.6
采矿业	12.5	19.5	11.5
制造业	8.5	16.1	10.8
电力、热力、燃气及水的生产和供应	8.2	17.1	13.1

数据来源：WIOD 2013 RESEASE。

表 3—9　　　　　　　　印度制造业内部各行业占制造业比重　　　　单位:%

年份	2000	2001	2002	2003	2004	2005	2006	2007	2008	2009
食物饮料和烟草	15.0	14.5	15.7	15.7	14.7	14.8	14.2	13.8	13.5	14.2
纺织品制造	21.1	19.6	19.5	18.5	18.5	18.4	17.5	15.7	15.2	15.8
皮革和相关产品制造	2.7	2.6	2.1	2.0	2.0	2.1	1.8	1.9	1.6	1.6
木材及其制品	5.1	4.3	3.3	3.1	2.5	2.3	2.6	3.3	2.9	3.3
纸和纸制品制造	4.0	4.1	4.0	4.1	4.0	4.2	3.9	4.0	3.7	3.9
焦炭和精炼石油产品制造	6.8	7.9	9.7	10.1	10.3	12.0	12.6	12.8	12.8	12.7
化学品及化学制品制造	16.1	16.9	16.3	16.0	16.4	16.7	15.4	14.8	15.5	15.3
橡胶和塑料制品制造	3.7	4.1	3.3	3.1	3.0	3.3	3.4	3.4	3.4	3.4

年份	2000	2001	2002	2003	2004	2005	2006	2007	2008	2009
其他非金属矿物制品制造	8.3	8.8	8.3	8.0	7.5	7.4	8.0	8.6	8.3	9.2
基本金属与加工金属制造	17.2	17.1	17.7	19.4	21.2	18.8	20.6	21.6	23.0	20.5

数据来源：WIOD 2013 RESEASE。

4. 中国

2001—2009 年，中国第二产业结构呈现出以金属和化学制造业为主，重化工业快速发展，纺织业、食品加工业发展减缓的特征。首先，在第二产业构成上，制造业仍然占据了超过一半的比重，但是比重呈现显著的下降趋势，从 58.8% 下降到 55.3%（图 3—11）；而占比第二、第三的电力和热力和燃气及水的生产和供应、采矿业占比都有所增加，在 2004—2006 年，当制造业和电力、热力、燃气及水的生产的年均增速低于第二产业时，采矿业的年均增速远远高于第二产业增速（表 3—10）。

从中国制造业内部构成来看，食物饮料和烟草、基本金属和加工金属、纺织品制造、化学品及化学制品制造、其他非金属矿物制品制造这些行业占据了主要比重，其中纺织品制造、食物饮料和烟草、化学品及化学制品制造这三个行业占比水平相近，纺织品制造、食物饮料和烟草在制造业内占比小幅下降，化学品及化学制品制造占比小幅上升，金属制造业占比最高，基本金属和加工金属占比显著上升。

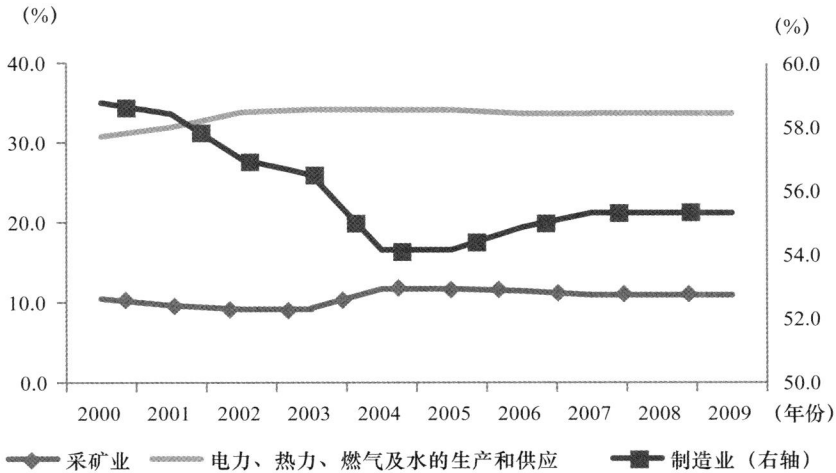

图 3—11　中国第二产业内部行业增加值占第二产业比重

数据来源：WIOD 2013 RESEASE。

表 3—10　　　　　　　　　　中国第二产业内部年增长率　　　　　　　　单位：%

年份	2001—2003	2004—2006	2007—2009
第二产业	11.2	18.4	14.2
采矿业	7.2	27.7	12.5
制造业	9.7	17.3	14.6
电力、热力、燃气及水的生产和供应	15.1	17.9	14.3

数据来源：WIOD 2013 RESEASE。

表 3—11　中国制造业内部各行业占制造业比重　　　　　　单位：%

年份	2000	2001	2002	2003	2004	2005	2006	2007	2008	2009
食物饮料和烟草	18.2	18.2	18.5	18.2	17.2	17.2	17.4	17.3	17.3	17.3
纺织品制造	14.5	14.3	14.0	13.5	12.5	12.5	12.8	12.2	12.2	12.2
皮革和相关产品制造	2.8	2.8	2.8	2.8	2.4	2.4	2.5	2.5	2.5	2.5

年份	2000	2001	2002	2003	2004	2005	2006	2007	2008	2009
木材及其制品	3.6	3.7	3.7	3.5	3.3	3.3	3.6	3.6	3.6	3.6
纸和纸制品制造	6.4	6.5	6.6	6.2	6.5	6.5	5.5	5.2	5.2	5.2
焦炭和精炼石油产品制造	3.9	4.0	4.2	3.8	4.9	4.9	4.0	4.2	4.2	4.2
化学品及化学制品制造	13.8	13.7	14.2	14.9	15.0	15.0	14.7	15.2	15.2	15.2
橡胶和塑料制品制造	6.5	6.7	6.8	6.4	6.0	6.0	6.1	6.0	6.0	6.0
其他非金属矿物制品制造	13.1	12.6	11.9	11.2	11.0	11.0	10.3	10.1	10.1	10.1
基本金属与加工金属制造	17.2	17.4	17.5	19.4	21.4	21.4	23.1	23.8	23.8	23.8

数据来源：WIOD 2013 RESEASE。

二 金砖四国制造业内部结构比较

2001—2009 年，金砖四国第二产业中主导产业都是制造业，但是制造业在四国第二产业中所占比重都出现了不同幅度的下降趋势。图 3—12 比较了 2000 年和 2009 年四国制造业内部各行业占制造业的比重，展示了四国制造业的构成特点。巴西制造业以食物饮料和烟草、化学品及化学制品制造、基本金属与加工金属制造为主；俄罗斯制造业主要以焦炭和精炼石油产品制造、食物饮料和烟草、基本金属与加工金属制造为主，其中焦炭和精炼石油产品制造占有绝对优势，且纺织业、纸制品制造和化学品制造占比远远低于其余三个国家；印度制造业主要以食物饮料和烟草、纺织品制造、化学品及化学制品制造、基本金属与加工金属制造为主，这四个产业比重相近，且纺织业远远高于其他三国；中国制造业以基本金属与加工金属制造、食物饮料和烟草、化学品及化学制品制造、纺织品制造为主，但是焦炭和精炼石油产品制造比重远远小于其余三个国家，而基本金属与加工金属制造比重明显高于其他三国。

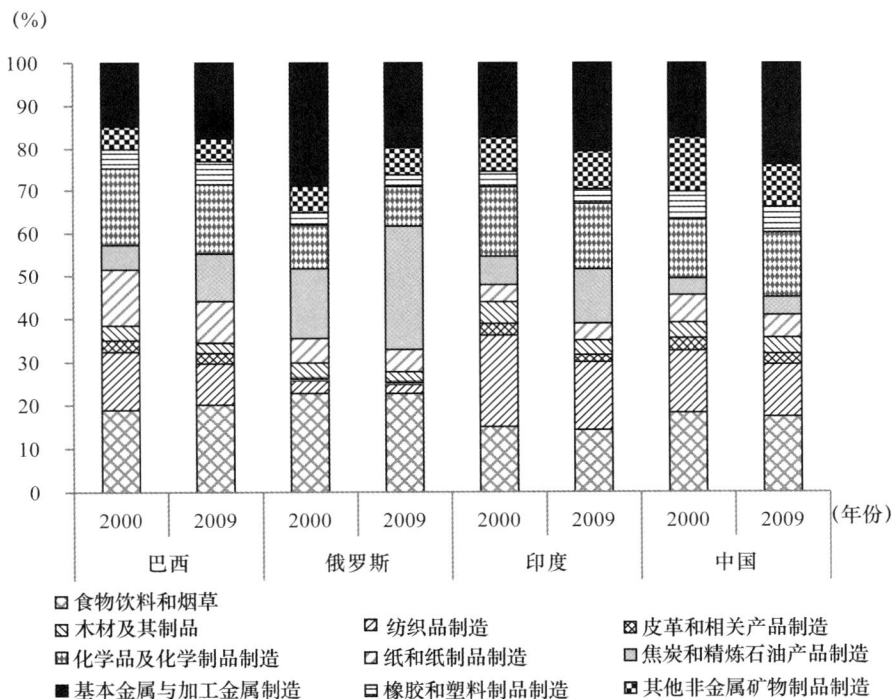

图3—12　金砖四国制造业内部行业增加值占制造业比重

数据来源：WIOD 2013 RESEASE。

三　金砖国家第三产业内部结构特点

1. 巴西第三产业主要由不动产与租赁、公共行政和教育和卫生、贸易、金融构成。

从表3—2中可知，巴西第三产业增加值占GDP的比重超过60%，对巴西的经济总体起着举足轻重的作用。由表3—12可知，巴西第三产业主要由不动产与租赁、公共行政和教育和卫生、贸易、金融构成，2000—2009年，贸易增加值在第三产业内占比上升了2.5%，不动产与租赁占比下降了3.9%，公共行政、教育和卫生上升了1%，金融上升了1.6%。巴西第三产业结构内部，公共行政、教育和卫生、不动产与租赁所占的比重较大，公共行政、教育和卫生占比持续上升，2005年略微下降，不动产与租赁占比逐年下降，下降幅度明显；贸易占比第三，比重持续上升，上升幅度显著；值得一提的是，巴西第三产业内部金融业也占据一定的比重，比重总体持续上升，在2008—2009年轻微下降。

表3—12 巴西第三产业内部各行业占第三产业比重 单位:%

年份	2000	2001	2002	2003	2004	2005	2006	2007	2008	2009
建筑业	7.6	7.3	7.4	6.7	7.5	7.0	6.7	6.8	6.9	7.2
贸易	14.7	14.8	14.2	15.2	16.2	16.0	16.3	17.0	17.6	17.2
服务业	2.5	2.5	2.5	2.2	2.3	2.3	2.6	2.6	2.5	2.7
运输、仓储、邮政	7.0	7.1	6.6	6.8	6.9	7.1	6.9	6.7	7.1	6.6
信息服务	3.0	3.0	3.3	3.3	3.6	3.3	3.1	3.1	3.1	2.8
金融	8.3	9.4	10.4	10.2	8.5	10.1	10.2	10.7	9.6	9.9
不动产与租赁	25.1	23.6	23.3	23.2	22.7	22.4	22.1	21.5	21.4	21.2
公共行政、教育和卫生	25.7	26.4	26.5	26.6	26.3	25.7	26.2	26.0	26.4	26.7
其他服务业	6.1	5.9	5.7	5.7	5.9	6.1	6.0	5.6	5.6	5.7

数据来源：WIOD 2013 RESEASE。

表3—13　　　　　　　　巴西第三产业内部年增长率　　　　　单位:%

年份	2001—2003	2004—2006	2007—2009
第三产业	11.5	12.0	12.4
建筑业	7.0	12.0	15.1
贸易	13.0	14.5	14.4
服务业	8.2	17.2	14.1
运输、仓储、邮政	10.3	12.6	10.9
信息服务	15.8	9.7	9.1
金融	19.8	13.3	11.7
不动产与租赁	8.6	10.1	10.8
公共行政、教育和卫生	12.6	11.5	13.1
其他服务业	9.0	13.7	10.5

数据来源：WIOD 2013 RESEASE。

2. 俄罗斯第三产业主要由贸易、公共行政和教育和卫生、不动产与租赁、运输和仓储和邮政四个行业构成。

第三产业在俄罗斯 GDP 中占比达到60%以上，在四国中仅低于巴西。在俄罗斯第三产业内部按照比重大小依次是贸易、公共行政和教育和卫生、不动产与租赁、运输和仓储和邮政四个行业（表3—14）。其中，贸易占有绝对优势，但是比重出现了大幅下降，从40.8%下降到29%；其次是公共行政、教育和卫生，且比重有较大升幅，从14.7%上升到19%；占比第三的是不动产与租赁，占比呈现大幅上升趋势；运输、仓储、邮政在俄罗斯第三产业内部占比呈现下降趋势。在四国中俄罗斯金融业在第三产业中占比最小，发展最为迟缓。

表3—14 俄罗斯第三产业内部各行业占第三产业比重 单位:%

年份	2000	2001	2002	2003	2004	2005	2006	2007	2008	2009
建筑业	9.6	10.3	9.4	9.0	8.9	8.6	8.2	8.8	9.5	8.1
贸易	40.8	37.3	35.2	32.9	31.8	31.3	32.0	31.1	31.6	29.0
服务业	1.5	1.4	1.4	1.2	1.5	1.5	1.4	1.5	1.5	1.5
运输、仓储、邮政	12.8	12.5	12.3	12.6	13.0	12.3	11.7	11.1	10.3	10.3
信息服务	3.1	3.0	3.0	3.3	4.3	4.1	3.8	3.8	3.5	3.7
金融	2.9	3.6	4.1	5.0	5.0	6.1	6.7	6.8	6.6	7.4
不动产与租赁	12.7	13.7	14.1	16.0	14.9	15.9	15.7	16.8	17.1	18.5
公共行政、教育和卫生	14.7	15.9	18.0	17.2	17.7	17.5	17.6	17.2	17.3	19.0

数据来源：WIOD 2013 RESEASE。

表3—15 俄罗斯第三产业内部年增长率 单位:%

年份	2001—2003	2004—2006	2007—2009
第三产业	24.9	23.2	17.5
建筑业	22.7	19.6	18.9
贸易	16.3	22.1	14.2
服务业	17.4	30.7	19.5
运输、仓储、邮政	24.5	19.9	12.6
信息服务	27.4	30.2	16.3
金融	49.0	36.5	21.0
不动产与租赁	34.9	22.6	24.0
公共行政、教育和卫生	32.2	24.2	20.1
其他服务业	38.0	24.2	11.9

数据来源：WIOD 2013 RESEASE。

3. 印度第三产业主要由贸易、公共行政和教育和卫生、不动产与租赁、建筑业、运输和仓储和邮政五个行业构成。

印度第三产业在 GDP 中所占比重低于巴西和俄罗斯，高于中国，且第三产业在 GDP 中所占比重一直在增加，从 57.8% 一直增加到 63.6%。印度第三产业主要由贸易、公共行政和教育和卫生、不动产与租赁、建筑业、运输和仓储和邮政五个行业构成。其中贸易、公共行政和教育和卫生两个行业占比较大，但两个行业比重都轻微下降；不动产与租赁占比第三，且所占比重明显上升；建筑业、运输和仓储和邮政占比接近，建筑业比重明显上升，运输和仓储和邮政占比轻微下降。

表 3—16　　　　　印度第三产业内部各行业占第三产业比重　　　　单位：%

年份	2000	2001	2002	2003	2004	2005	2006	2007	2008	2009
建筑业	10.6	10.3	10.4	10.7	12.6	13.1	13.3	13.6	13.5	12.8
贸易	23.8	24.0	24.1	24.3	24.4	25.0	25.3	25.0	24.3	23.3
服务业	2.3	2.3	2.3	2.3	2.4	2.6	2.7	2.7	2.4	2.2
运输、仓储、邮政	10.8	10.5	10.7	11.0	11.1	10.8	10.9	10.6	10.2	9.9
信息服务	2.6	2.8	2.5	2.6	2.7	2.6	2.4	2.3	2.3	2.4
金融	9.4	10.1	10.5	10.4	9.4	8.8	8.9	8.9	9.0	8.5
不动产与租赁	14.5	14.8	14.8	14.9	14.6	14.9	15.4	16.0	16.4	17.6
公共行政、教育和卫生	21.8	21.2	20.6	19.9	19.2	18.7	17.7	17.3	18.3	19.6
其他服务业	4.1	4.1	4.0	3.8	3.6	3.5	3.5	3.5	3.5	3.7

数据来源：WIOD 2013 RESEASE。

表 3—17　　　　　　　印度第三产业内部年增长率　　　　　　单位：%

年份	2001—2003	2004—2006	2007—2009
第三产业	11.5	15.4	17.1
建筑业	11.9	24.2	15.8
贸易	12.3	17.0	13.9
服务业	10.9	21.9	9.5
运输、仓储、邮政	12.3	14.9	13.7
信息服务	12.7	12.5	16.7
金融	15.3	9.7	15.2
不动产与租赁	12.3	16.7	22.5
公共行政、教育和卫生	8.1	10.9	21.4
其他服务业	8.5	11.9	19.7

数据来源：WIOD 2013 RESEASE。

4. 中国第三产业主要由贸易、公共行政和教育和卫生、不动产与租赁、运输和仓储和邮政、建筑业五个行业构成。

第三产业在 GDP 中所占比重在四国中最小，第三产业发展在四国中最滞后。在第三产业构成中，贸易、公共行政和教育和卫生、不动产与租赁、运输和仓储和邮政、建筑业五个行业占据了大部分的比重。贸易、公共行政和教育和卫生、不动产与租赁三个行业占比相近，贸易占比略微下降，其余两个行业比重都有所上升；建筑业、运输和仓储和邮政这两个行业占比相近，建筑业占比基本不变，运输和仓储和邮政大幅下降。

表3—18　　　　　中国第三产业内部各行业占第三产业比重　　　　单位：%

年份	2000	2001	2002	2003	2004	2005	2006	2007	2008
建筑业	12.5	11.8	11.5	11.8	11.9	12.2	12.3	12.1	12.5
贸易	18.4	18.1	17.7	17.6	17.0	16.4	16.4	16.5	17.4
服务业	4.9	4.8	4.8	4.9	5.0	4.9	4.7	4.4	4.4
运输、仓储、邮政	13.5	13.2	12.9	12.1	12.3	12.1	11.7	11.2	10.6
信息服务	3.9	4.4	4.8	5.1	5.5	5.6	5.5	5.1	5.1
金融	9.2	8.7	8.2	7.9	7.4	7.1	8.0	9.7	9.9
不动产与租赁	16.2	16.6	17.0	17.3	17.5	17.8	18.0	18.5	17.4
公共行政、教育和卫生	17.0	17.8	18.4	18.5	18.6	19.0	18.6	17.6	17.7
其他服务业	4.4	4.6	4.7	4.8	4.8	4.9	4.8	4.9	4.9

数据来源：WIOD 2013 RESEASE。

表3—19　　　　　　　中国第三产业内部年增长率　　　　　　单位：%

年份	2001—2003	2004—2006	2007—2009
第三产业	12.8	16.7	19.1
建筑业	10.8	18.3	21.8
贸易	11.0	14.0	20.8
服务业	13.4	15.3	14.2
运输、仓储、邮政	8.8	15.5	12.1
信息服务	23.1	19.2	15.7
金融	6.9	18.0	30.7
不动产与租赁	15.4	18.2	20.1
公共行政、教育和卫生	16.1	16.9	16.0
其他服务业	16.2	17.0	19.2

数据来源：WIOD 2013 RESEASE。

四　金砖国家第三产业内部结构比较

第三产业在金砖四国经济总量中都占有最大的比重，且四国的第三产业都呈现不同幅度的上升的趋势。2000—2009 年巴西的第三产业在 GDP 中占比经历了明显下降又回升的趋势，俄罗斯第三产业也经历了上升—下滑—再增长的过程，印度的第三产业在 GDP 中占比呈现较稳定上升趋势，中国的第三产业在 GDP 中占比小幅上升，从图 3—13 可知，2000—2009 年四国第三产业的平均增速按照大小排序依次是俄罗斯、中国、印度和巴西。

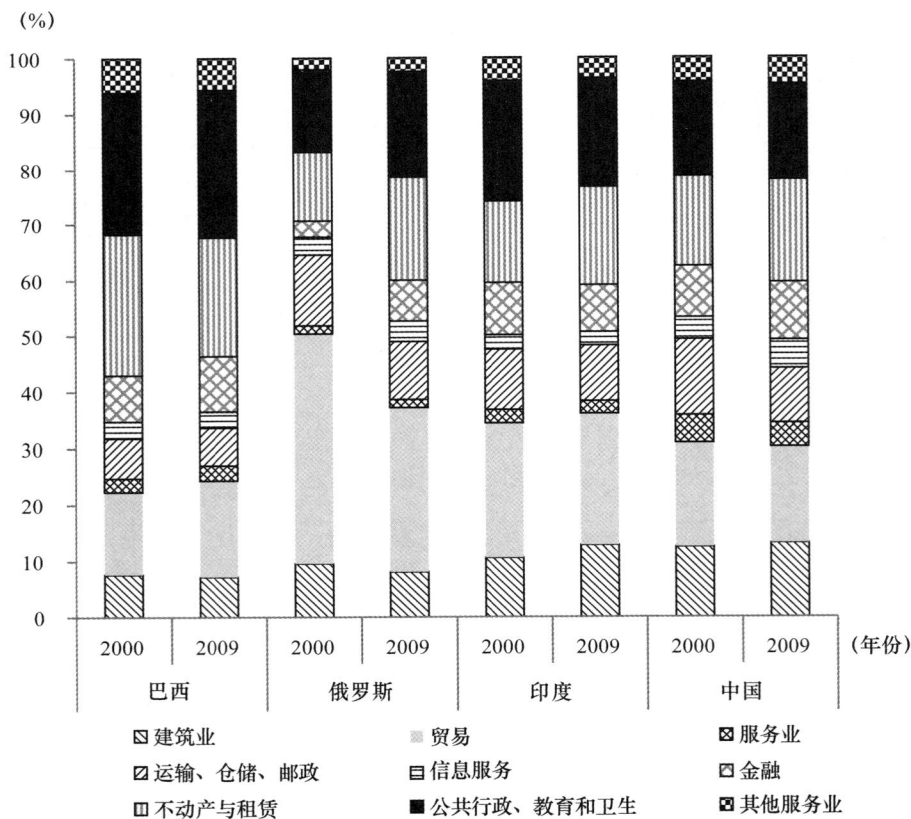

图例：
- ▢ 建筑业
- ▨ 贸易
- ▨ 服务业
- ▨ 运输、仓储、邮政
- ▤ 信息服务
- ▨ 金融
- ▥ 不动产与租赁
- ■ 公共行政、教育和卫生
- ▨ 其他服务业

图 3—13　2000 年与 2009 年金砖四国第三产业内部各行业增加值占第三产业比重

数据来源：WIOD 2013 RESEASE。

从 2000 年和 2009 年金砖四国第三产业内部结构来看，巴西第三产业内部结构相对稳定，第三产业内部金融和贸易占比有所上升，不动产与租赁占比有所下降，内部其他行业占比基本不变；中国和印度第三产业内部结构相近，中国在服务业、运输和仓储和邮政、信息服务三个行业的发展要好于印度，印度在贸易行业的优势要大于中国；俄罗斯第三产业内部结构在四国之中变化最显著，贸易占比大幅下降，金融、不动产与租赁、公共行政和教育和卫生占比明显上升。从第三产业内部各行业来看，中国的建筑业、运输和仓储和邮政在四国之中占比最大，俄罗斯的贸易在四国之中占比最大，巴西的不动产与租赁、公共行政和教育和卫生在四国中占比最大。四国的服务业、信息服务、金融的比重都相对较低，四国的第三产业仍然以贸易、不动产与租赁、公共行政和教育和卫生等传统服务业为主。

五 金砖国家产业结构特点与优势产业小结

金砖国家三次产业结构的顺序分别是：巴西是"三、二、一"产业结构，第一产业占比几乎不变，第二产业占比小幅下降，第三产业占比持续上升；俄罗斯是"三、二、一"产业结构，第一产业占比持续下降，第二产业占比总体下降，第三产业占比大幅上升；印度是"三、二、一"产业结构，第一产业和第二产业占比相近，第三产业主导，第二产业不足，第一产业占比逐步下降，第二产业占比逐步上升，第三产业占比大幅上升；中国是"三、二、一"产业结构，第二产业和第三产业占比相近，第二、三产业发展并进，第一产业占比逐步下降，第二、三产业产值占比小幅上升。2009 年四国位于不同的工业化阶段，巴西和俄罗斯已经从工业化过渡到以第三产业推动经济总量发展的阶段，中国处于工业化加速阶段，不同于其他三个国家"一、二、三"产业结构的发展顺序，印度首先发展第三产业，然后才开始进入工业化。

从各个产业内部结构来看：在第二产业内部结构方面，2001—2009 年，巴西第二产业呈现出石油开采业、金属加工业快速发展，纺织业、食品加工业急剧下降的特征；俄罗斯第二产业呈现出石油开采业快速发展，金属加工业急剧下降，纺织业、食品加工业占比极低的特征；印度第二产业呈现出石油开采业、金属加工业快速发展，纺织业劳动成本优势减小的特征；中国第二产业结构呈以金属和化学制造业为主，重化工业快速发展，纺织业、食品加工业发展减缓的特征。在第三产业内部，巴西第三产业主要由不动产与租赁、公共行政和教育和卫生、贸易、金融构成；俄罗斯第三产业主要由贸易、公共行政和教育和卫生、不动产与租赁、运输和仓储和邮政四个行业构成；印度第三产业主要由贸易、公共行政和教育和卫生、不动产与租赁、建筑业、运输和仓储和邮政五个行业构成；中国第三产业主要由贸易、公共行政和教育和卫生、不动产与租赁、运输和仓储和邮政、建筑业五个行业构成。四国的服务业、信息服务、金融的比重都相对较低，四国的第三产业仍然以贸易、不动产与租赁 、公共行政和教育和卫生等传统服务业为主。

第 四 章

低碳经济下金砖国家实施的产业政策

金砖国家作为新兴经济体，需要明确新兴产业发展方向，明确发展战略以及如何开展国际经济合作，同时也要处理好政府与市场的关系。国家新兴的产业政策规划和发展战略选择以及新兴产业合作的问题是本章的主要研究方向。本章将通过研究金砖国家在低碳经济下实施的产业政策，总结这些产业的特点经验和如何开展新兴产业战略合作，寻找有效出路，更好地制定产业政策，为金砖国家新兴产业发展合作打下坚实基础。

◇◇ 第一节　巴西推进低碳经济的产业政策

巴西属于发展速度较快的新兴国家，比较早地将低碳产业作为具有核心竞争力的产业来发展，占据了相当大的优势。巴西针对自己国家的发展情况，把产业政策主要放在生物燃料这一产业上，近年来注重大力发展生物燃料等可再生能源。生物燃料具有清洁、高效的特点，不仅是重要的替代能源，还可以推动发展低碳城市等。巴西的生物燃料产量一直保持增长的趋势，2013 年其生物燃料产量占全球产量 1/4，成为世界第二大生物燃料生产国和消费国，且在 2014 年保持了这一地位。不仅如此，巴西政府积极地发展乙醇产业，出台各类扶持政策，使乙醇燃料的发展在相关产业的支持下不断取得突破（胡剑波、桂姗姗，2016）。作为生物燃料业发展的成功范例，巴西的乙醇工业得到了长足的发展，在价格上已具有竞争性。目前已经有跨国公司投资巴西的乙醇行业，并且对开发先进的生物燃料（尤其是纤维素乙醇）以及将糖转化为"即插即用"生物燃料的技术用于航空业等行业的兴趣日益浓厚。随着国内外对乙醇和生物柴油的需求不断增长（主要是由进口国政府规定的综合要求推动的），巴西的生物燃料行业必将增长。尽管未来的糖和汽油价格总会增加一些不确定性，但该行业的发展速度将取决于政策可能影响的多种因素，包括获得新甘蔗和大豆产区的资金和基础设施投资的机会。因此，为了大力支持低碳产业的发展，巴西还提供了一系列对于农业发展的金融支持，开放各种信贷优惠政策，巴西中央银行设立专项信贷基金，鼓励种植甘蔗、大豆、向日葵等，以满足生物燃料的供应，为新能源和生物燃料的发展提供物质保障。

巴西也在风能等可再生能源方面做出了很多努力，作为世界上有用较多清净能源的国家，在应对能源挑战和环境危机中已经树立了良好的榜样。

◇◇第二节　俄罗斯推进低碳经济的产业政策

俄罗斯近年来在产业政策方面大力推广使用低碳能源，把低碳能源产业、航天航空业、军事工业等作为战略性支柱产业，先后出台了很多文件支持发展石油业、天然气业等产业，以保证国家稳健持续的发展。与此同时，在苏联解体之后，俄罗斯也非常需要重新发展经济，再次成为世界能源强国与经济发展的领头羊。

俄罗斯近年出台了加快经济结构调整的政策，优先推进高精尖产业部门的发展，充分准备好低碳经济的前期发展，使俄罗斯在今后的数年里能够再次进入中等发达国家行列。

俄罗斯在 2007 年的时候修改了宪法，为了能让核电工业更好的发展，建立了很多大型工业核能集团，提高发电量比重。核电发电量在今后的数年里有望进一步提高。2009 年，俄罗斯针对低碳经济发展的问题做出了很多部署，从保护环境的角度出发，大力发展新型技术，避免环境再次受到破坏。2010 年，俄罗斯建立了创新科研中心——"俄罗斯硅谷"，专门进行纳米技术产业化基地部署，大力扶持通信、医药技术、生物技术、核能、新能源，政府还计划投入更多的资金，来进行纳米相关产业的发展和研发工作。与此同时，俄罗斯正在加紧布局高科技产业，俄罗斯的 GDP 中有 20% 是由高科技产业创造的，这些新型产业大大提高了化石资源的开采率，而且还制定了今后数年的发展目标，明确了能源发展的目标，因地制宜地发展石油、天然气等能源。

俄罗斯新能源战略的实施可以分为三个阶段：

第一阶段：在 2012—2015 年做好应对能源危机的准备，并且要在危机过后有更好的发展。

第二阶段：在 2020—2022 年把现有的发展计划创新一下，要使能源能够重复利用。

第三阶段：2030 年前要提高旧有能源的使用率，为新能源的发展做更好的铺垫，让非化石能源的比重增加至 14%。

俄罗斯无论从政策上还是战略上都有了明确的规划，并且在逐年调整和制订新计划，为低碳经济发展打下了坚实的基础。

除了在能源政策方面下足苦功，俄罗斯还致力于从林业政策上进行调整，促进低碳产业和可持续发展。目前正在执行的2013—2020年《国家林业发展计划》中包含了广泛的措施，并将为此计划制定具体的气候变化指标。俄罗斯联邦林业局正在起草一项新的森林政策，作为直至2050年的未来国家长期低碳发展战略的一部分。目前，俄罗斯国内也在讨论有关如何减少森林砍伐和森林退化造成的温室气体排放，加强保护措施，提出可持续发展的建议，以此管理和增加森林中的碳储量。

◇◇第三节　印度推进低碳经济的产业政策

印度作为重要的发展中国家，现在正在积极发展新兴产业。但是，印度在发展新兴产业的过程中，面临许多现实的挑战。例如，气候变化等问题对印度的影响极大。印度因热带和亚热带气候易出现严重自然灾害，造成巨大的负面影响，威胁粮食安全等。再加上印度的人口不断增长、海平面每年上涨等问题，综合考虑到地理原因、气候问题、人口众多等因素，印度急需寻找可持续发展的路径。因此，印度为推动低碳经济的发展，采取积极的措施，并且大力调整产业政策。

印度致力于将低碳经济的改革推行到各个领域中去，从能源利用这方面入手，进行改进并提高产业部门能源利用效率，增加可再生能源开发利用的资金和技术支持。可再生能源也许是确保印度实现低碳转型的关键。印度在这方面有雄心勃勃的计划，目标是到2040年使总装机容量的40%来自可再生能源。其中很大一部分将来自太阳能和风能，到2040年预计将占340吉瓦的装机容量。印度在诸多领域正在进行低碳产业政策的制定和调整

一、征收煤炭税

征收煤炭税的收入可以支持清洁能源项目，税收标准为50卢比/吨，进口化石燃料也需要增加税收，以确保清洁能源能够更好更快的发展。印度的新能源目标是到2022年，新能源发电量可以在175千兆瓦基础上增加4倍。政府还承诺到2030年，碳排放在2005年的基础上削减35%。政府自2010年引入煤炭税后，拨付了约40%的煤炭税税款给国家清洁能源基金会，用于可再生能源项目，以及饮用水、卫生设施建设、河流修复、植树造林等工作。

二 大力发展太阳能

印度由于地理环境处于热带、亚热带地区，太阳能资源较为丰富，依靠地理环境的优越性，印度正在大力发展风能、太阳能等可再生资源。印度政府正在制定太阳能光伏政策，为广大的太阳能发电厂提供更多优惠政策。印度提出的太阳能政策要求以公私合营的方式来建造4座200兆瓦太阳能电厂，并将印度54座城市打造成太阳能城市。

三 推动新型混合动力汽车产业发展

印度政府给予了汽车制造商很多优惠政策，例如减免税收及其他

激励政策，大力支持混合动力汽车的研发，为研发混合动力汽车提供丰富的资金和高端的技术支持，2012 年印度政府推广了节能汽车推广法案，预计投资 41.3 亿美元推广节能汽车（纯电动汽车和油电混合动力汽车）。

◇ 第四节　南非推进低碳经济的产业政策

南非对于低碳经济的重视程度不亚于其他任何一个金砖国家。从南非的经济体量来看，南非产生的温室气体排放量相当之高，尤其是其对于煤炭发电的严重依赖以及在一定程度上依赖煤炭制造液体燃料。为此，南非政府已经做出了要在 2020 年之前，在获得发达国家资金与技术支持的前提下，减排 34% 的承诺，并且还要在 2025 年之前做到减排 42%。

要实现这一难度很大的目标，南非必须对现在的产业政策进行深度的调整。南非环境事务投资组合委员会在一份声明中指出南非在向低碳经济过渡，并且拥有重大的机遇，因为包括清洁能源技术在内的低碳解决方案的商业化可以进一步促进并支持能源领域的转型。目前来看，南非针对实现降低碳排放的目标提出的政策性干预包括但不限于：通过能源结构多元化的方式考虑实现南非在综合电力资源计划中的承诺；征收碳税；引入能效标准和规范；进行信息公开和教育举措；考虑为某些环境与社会工程提供特殊的资金支持（PWC，2011）。

对于南非来说，发展低碳经济进行产业政策调整的最终目标仍然是服务于寻求促进经济增长和多样化、减轻贫困和减少失业。南非从种族隔离时代就开始的发展道路是基于能源密集型的"矿产—能源综合体",吸引大量地方和国际投资。南非需要解决能源产业这一重中之重的问题,才能缓解发展目标和减缓气候变化二者之间的矛盾,通过创新政策和措施解决遇到的难题。为了进一步支持产业能源效率,南非制定了产业能源效率(IEE)计划,重点是实施公司的能源管理系统和促进能源系统优化。在 2010—2015 年的第一阶段,该项目帮助参与的公司减少了 1220 千瓦兆时的能源使用,并节省了总计 17 亿兰特的能源成本(NCPC,2015 年)。该项目的第二阶段于 2016 年开始,一直持续到 2019 年。迄今为止,IEE 通过参与各种能源管理和能源系统优化项目累计节省了 2140 千瓦兆时的能源,并避免了 200 百万吨的 CO_2 的排放。

南非发展低碳经济还围绕着新技术的研发和新型产业的发展推出了很多的优惠政策,鼓励科技与新型产业的发展。南非政府积极出台新能源技术路线规划,目前已经发布很多可再生能源技术的相关文件,并且很全面地规划了未来的发展方向,突出新能源在南非产业经济政策中的重要地位。

◇◇ 第五节　中国推进低碳经济的产业政策

中国人口众多,而且发展非常迅速,碳排放量也随之增加。如何发展低碳经济和调整产业政策已经成为我国现在面临的重要问题。结合中国的实际情况,我们必须要根据自己的特点去发展低碳产业。我国目前需要大力发展新能源和可再生能源,使之成为低碳经济发展的重点。

中国到 2020 年低碳经济的发展目标是单位 GDP 的 CO_2 排放量比

2005 年降低 40%—45%。为此，中国对碳排放实行了较为严格的硬性约束，制定了碳排放总量控制方案，对碳排放权交易等也都逐步完善。然而归根结底，中国需要加强产业结构调整力度。我国三个产业中，第二产业依然占据主导地位，占到了总额的 46.8%。我国正在努力调整产业结构，在农业上大力推广高效生态农业，加强农产品深加工，提升农产品附加值，特色资源的开发也在不断扩大，努力完成资源优势向产业优势的转化；在工业方面，我国坚持走新型工业化道路，支持生态工业园的建设；在第三产业方面，例如旅游业，大力发展低能耗、无污染的绿色旅游，节约能源，减少污染。

现在中国主要还是采用传统的经济模式，以资源型企业为主导的传统模式。从可持续发展的角度来说，我国应该着重发展低碳产业，降低碳排放，减少环境受到严重的破坏。我国需要从多个方面入手。首先，提高制造业能源效率，提升能源结构的低碳化程度。通过各部门进行低碳化转型，构建低碳产业占据突出地位的产业体系，创新低碳技术，追求经济发展与碳排放逐渐脱钩，摆脱对化石能源的依赖。其次，大力发展低碳金融，面对低碳经济这一大的背景，中国许多金融企业也开始涉及低碳金融，银行现在正在推行绿色信贷和各项产品研发，我国的金融机构应当逐步加强对低碳经济及低碳行业的研究，把低碳行业作为未来的主要发展趋势，同时更加完善绿色信贷机制，并且制定发展低碳产业的信贷政策，大力支持有潜力、有前景的企业和项目，将低碳企业做得越来越好，这样就能把更多的企业带进低碳领域，促进产业结构升级。再次，制定和完善相应的产业部门规则和法律法规，对相关产业进行有效的规范和监管。低碳产业涉及许多新的领域，很多时候缺少有效的行业监管和法律约束，因此应当特别予以重视。最后，通过低碳消费引导政策也是发展低碳经济的重要路径。一方面，应当提高公众的绿色消费意识，将消费模式向低碳模式转型；另一方面，政府也应积极推动"低碳采购"政策，利用行政手段推动低碳模式的普及。

低碳经济是一种发展模式，发展低碳经济的同时也需要低碳产业来支撑。低碳经济是以低能耗、低污染、低排放为基础的经济模式。金砖五国应通过相互合作、学习和借鉴来共同发展，通过对产业政策进行更新和调整来更加深入地将低碳经济和低碳发展贯穿于经济发展的始末。高新技术、清洁能源、可再生能源、传统产业低碳化等政策可以充分促进低碳经济发展。金砖国家群体性崛起和西方国家的相对衰退所带来的国际格局转变构成了气候变化全球治理的重要背景，虽然金砖国家是主要温室气体排放国，但都有未来实现低碳经济的内生和外生动力。因此，金砖国家之间的合作是必然的。

第五章

金砖国家行业的能耗及 CO_2 排放的测算

本章首先从 WIOD DATABASE 数据库获取金砖国家能源消耗数据，再依据《2006 年 IPCC 国家温室气体清单指南》（简称《指南》）提供的测度方法测算出金砖国家 2001—2009 年的碳排放数据，并且结合上文的产业结构分析对金砖国家 CO_2 的产业排放情况进行比较分析。

◇◇第一节　产业层面 CO_2 排放的测算方法

本节对碳排放的测度主要依据《2006 年 IPCC 国家温室气体清单指南》提供的缺省方法，因为该指南是应《联合国气候变化框架公约》缔约国的邀请编写的，主要用于协助各缔约方履行其在《联合国气候变化框架公约》下的承诺，帮助其按照各缔约国达成的协议执行。《指南》共分五卷，第 1 卷描述了编制清单的基本步骤，并依据作者们对20 世纪 80 年代晚期（当时，国家温室气体清单开始大量出现）以来各国积累的经验的理解，就温室气体的排放和清除估算提供了一般指导；第 2—5 卷为能源、工业生产过程和产品使用、农林业和其他土地利用、废弃物四个不同经济部门的估算提供了指导，具体排放情况如图 5—1所示，基于本书的研究内容，此处主要参照其中的一、二两部分。

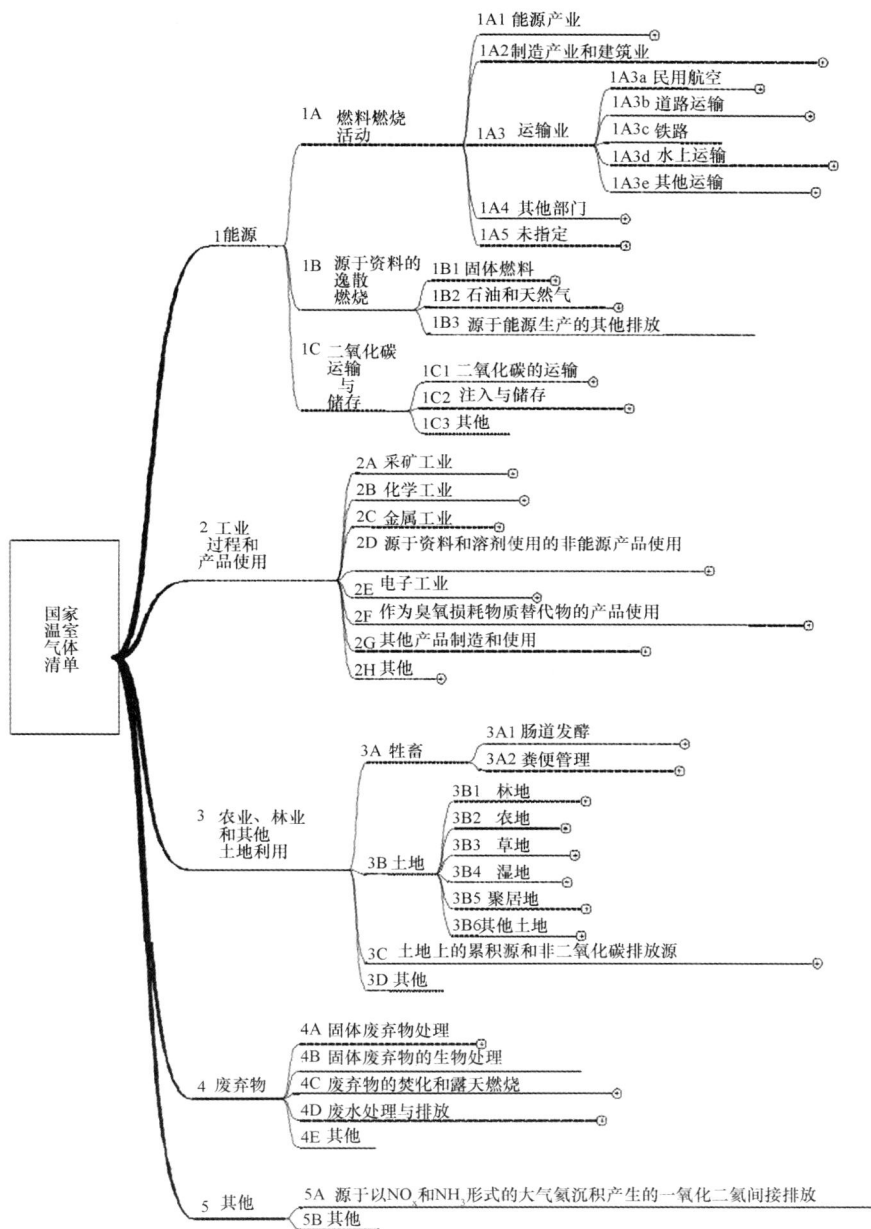

图5—1　国家温室气体清单

资料来源：IPCC。

对生产过程和产品使用中碳排放的测算,主要包括采掘、化学、金属、电子等九个主要部分,《IPCC指南》认为CO_2排放主要发生在采掘与化学工业。同时,依据数据的可获得性,《IPCC指南》提供的测算方法具体可分为三个层次:第一,判断是否存在工业化学原料的投入数据,如果存在,则利用缺省的不同的原料排放系数测算;第二,判断是否存在特定企业的工业产品产量数据,如果有,则利用缺省的不同的排放因子测算;第三,判断是否存在国家(或地区)层次的工业产品产量数据,如果有,则利用缺省的不同排放因子测算。另外,不同地区具体的生产设备和生产工艺等方面也存在较大差异,因此,排放因子的选择也需要考虑多种可能性,对相同类别工业品存在不同排放因子的情况,我们取不同排放因子的简单平均值。

根据IPCC的测算方法,计算行业层面的碳排放步骤如下:

第一,获取金砖国家2001—2009年度能耗数据。从WIOD DATABASE网站上下载中国、印度、巴西、俄罗斯(没有南非)的总能源耗用量的数据表。因为该表格中各行业消耗各种能源的数据是用万亿焦耳TJ为单位,根据$1t = 0.02927TJ$可以将能源耗用量换算成以吨为单位。

第二,划分产业。具体划分方法请参考第三章表3—1的划分方法。

第三,代入CO_2排放量计算公式(1)(2)公式。

化石燃料消费产生CO_2排放量ECO_2的计算公式为:

$$ECO_2 = F \times CCO_2 \tag{1}$$

F是化石燃料消耗量,CCO_2是CO_2的排放系数(见表5—1)

CCO_2计算公式为:

$$CCO_2 = H \times Y \times O \tag{2}$$

其中,H为低位发热量,Y为碳排放因子,O为碳氧化率。

表5—1　　　　　　　　　各种能源的 CO_2 的排放系数

燃料类别	IPCC 缺省碳含量（kgCO₂/GJ）	缺省氧化率	有效 CO_2 排放因子（kgCO₂/TJ）	平均低位发热量（KJ/kg）	单位	排放系数	单位
原煤	25.8	1	94600	20908	千焦/千克	1.9779	吨 CO_2/吨
焦炭	29.2	1	107000	28435	千焦/千克	3.04255	吨 CO_2/吨
原油	20	1	73300	41816	千焦/千克	3.06511	吨 CO_2/吨
汽油	18.9	1	69300	43070	千焦/千克	2.98475	吨 CO_2/吨
煤油	19.6	1	71900	43070	千焦/千克	3.09673	吨 CO_2/吨
柴油	20.2	1	74100	42652	千焦/千克	3.16051	吨 CO_2/吨
燃料油	21.1	1	77400	41816	千焦/千克	3.23656	吨 CO_2/吨
液化石油气	17.2	1	63100	50179	千焦/千克	3.16629	吨 CO_2/吨
其他油制品	20	1	73300	41816	千焦/千克	3.06511	吨 CO_2/吨
天然气	15.3	1	56100	38931	千焦/立方米	0.21840	吨 CO_2/万立方米
洗精煤	25.8	1	94600	26344	千焦/千克	2.49214	吨 CO_2/吨
焦炉煤气	12.1	1	44400	17353.5	千焦/立方米	0.07705	吨 CO_2/万立方米
炼厂干气	15.7	1	57600	46055	千焦/千克	2.65277	吨 CO_2/吨
其他洗煤	25.8	1	94600	8363	千焦/千克	0.79114	吨 CO_2/吨
热力						0.09448	吨 CO_2/吨
电力						10.13460	吨 CO_2/吨

说明：根据 IPCC 计算得出。从行业角度计算 CO_2 排放量，属于从消费端来测算。除了各行业消耗化石燃料释放 CO_2 外，也需要将生产各行业使用的电力、热力时产生的 CO_2 计入各行业的排放量。电力、热力排放系数的计算是假定生产电力和热力一次能源为原煤，根据平均的单位供热煤耗和供电煤耗来计算。

◇ 第二节　金砖国家产业的 CO_2 排放情况

一　俄罗斯

（一）2001—2009 年俄罗斯三个产业 CO_2 排放量总体分析

根据 WIOD 2013 年发布的统计数据显示，2009 年俄罗斯三个产业的 CO_2 总排放量为 1410485.8 千吨，其中，第一产业排放量为 24380.5 千吨，占当年总排放量的 1.7%；第二产业碳排放量为 1194281.2 千吨，占当年总排放量的 84.7%；第三产业碳排放量为 191824.1 千吨，占当年总排放量的 13.6%。因此，仅从碳排放的绝对量和占比而言，三个产业 CO_2 排放量的大小顺序依此为第二产业、第三产业和第一产业。

（二）2001—2009 年俄罗斯三个产业 CO_2 排放量分产业分析

首先，通过 2001—2009 年俄罗斯三个产业的 CO_2 总排放量以及三个产业分别在当年总排放量中的比重分析其变化情况。从图 5—2 可以发现：2001—2009 年俄罗斯第一产业 CO_2 总排放量小幅减少；第二产业 CO_2 总排放量在 2001—2007 年大幅增加，在 2008—2009 年急剧减少，总体呈现减小的趋势；第三产业 CO_2 总排放量持续增加，2009 年略微减少。再从图 5—3 可以发现，2001—2009 年俄罗斯第一产业碳排放量在当年总排放量中的占比基本稳定，维持在 2% 上下；第三产业 CO_2 排放量在当年总排放量中的占比持续上升，从 2001 年的 11.3% 上升为 2009 年的 13.6%；第二产业碳排放量在当年总排放量中的占比最大，全部达到 80% 以上，但比重总体呈现下降的趋势，在

2006 年和 2009 年有所上升。

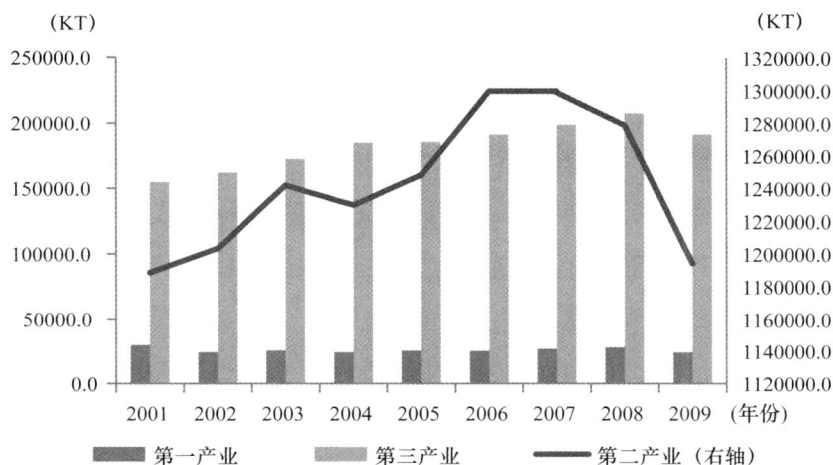

（KT）　　　　　　　　　　　　　　　　　　　　　　　　（KT）

图 5—2　2001—2009 年俄罗斯三个产业 CO_2 排放量

数据来源：WIOD 2013 RESEASE。

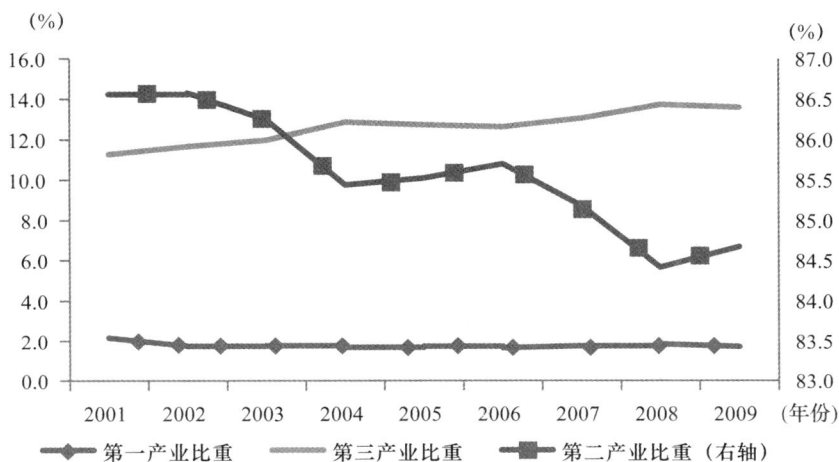

图 5—3　2001—2009 年俄罗斯三个产业 CO_2 排放量占当年总排放量比重

数据来源：WIOD 2013 RESEASE。

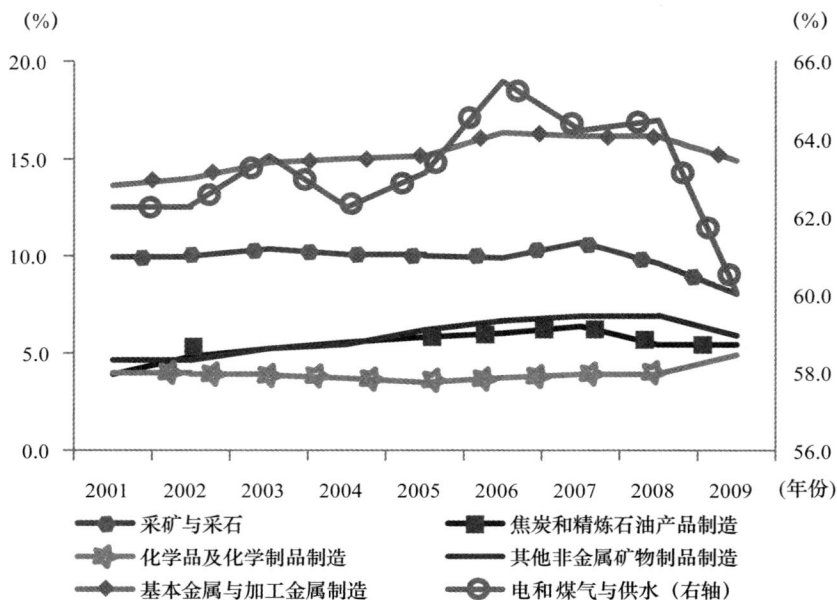

图5—4　2001—2009年俄罗斯第二产业内部各行业 CO_2 排放量
占第二产业总排放量比重

数据来源：WIOD 2013 RESEASE。

其次，我们具体分析2001—2009年俄罗斯第二产业内部各行业 CO_2 排放的情况。从各行业 CO_2 排放量占当年第二产业总排放量的比重来看，采矿与采石、焦炭和精炼石油产品制造、化学品及化学制品制造、其他非金属矿物制品制造、基本金属与加工金属制造、电和煤气与供水六个行业碳排放量在当年第二产业总排放量中占比最大，所以我们具体分析这六个行业 CO_2 排放量的变化情况。其中，电和煤气与供水 CO_2 排放量占据第二产业总排放量超过一半（60%左右）的比重，占比变化幅度较大，在2006年占比最大达到65.5%，2008年比重急剧下降为60%，所占比重变化范围维持在60%—66%之间；碳排放量占第二产业总排放量比重排在第二、第三位的分别是基本金属与加工金属制造、采矿与采石，这两个行业碳排放量所占比重变化趋势相反，基本金属与加工金属占比持续上升，2009 年轻微下降，采矿与采石产业占比稳中有降，2009 年轻微上升，剩余三个产业碳排放占比变化比较平稳，总体都呈现小幅上升的趋势。

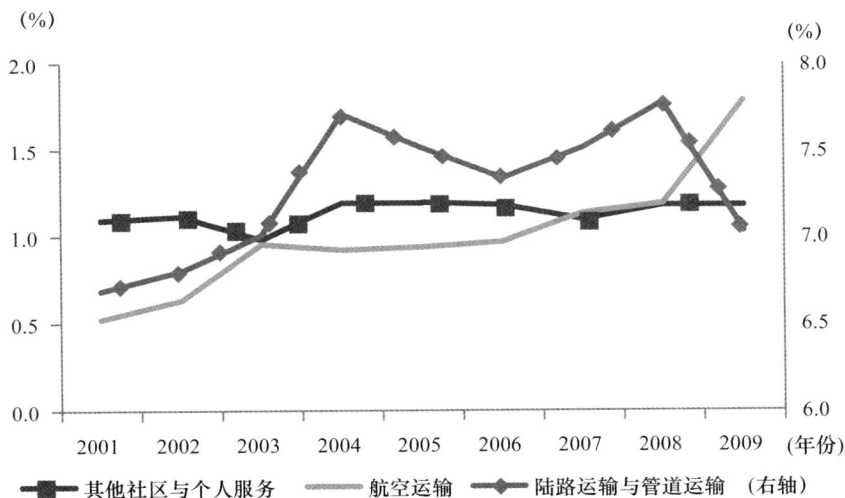

图5—5　2001—2009 年俄罗斯第三产业内部各行业 CO_2 排放量
占第三产业总排放量比重

数据来源：WIOD 2013 RESEASE。

最后，我们简单分析 2001—2009 年俄罗斯第三产业内部各行业 CO_2 排放的情况。俄罗斯第三产业内部各行业 CO_2 排放呈现出几乎所有行业 CO_2 排放量和占比相近的特点，2001—2009 年各行业 CO_2 排放占比变化幅度都不大，所占比重都不超过10%。这部分选择了碳排放量占比前两位的陆路运输与管道运输、其他社区与个人服务两个行业以及碳排放量有明显增幅的航空运输来简单说明俄罗斯第三产业内部各行业 CO_2 排放的变化情况。其中，陆路运输与管道运输 CO_2 排放量占第三产业总排放量比重最大，而且占比波动较大，2001 年占比为 6.7%，最高在 2008 年达到 7.8%，2004 年和 2007 年占比急剧上升，2006 年和 2009 年占比急剧下降，总体呈现上升的趋势；其他社区与个人服务占比第二，变化比较平稳；航空运输比重水平相对较低，但占比持续大幅上升，从 2001 年的 0.5% 一直上升到 2009 年的 1.8%。

二 印度

（一）2001—2009 年印度三个产业 CO_2 排放量总体分析

根据 WIOD 2013 年发布的统计数据显示，2009 年印度三个产业的 CO_2 总排放量为 1501808.5 千吨，其中，第一产业碳排放量为 50453.8 千吨，占当年总排放量的 3.4%；第二产业碳排放量为 1353198.7 千吨，占当年总排放量的 90.1%；第三产业碳排放量为 98156.0 千吨，占当年总排放量的 6.5%。因此，仅从碳排放的绝对量和占比而言，三个产业 CO_2 排放量的大小顺序依次为第二产业、第三产业和第一产业。

（二）2001—2009 年印度三个产业 CO_2 排放量分产业分析

图 5—6 描绘了 2001—2009 年印度三个产业的 CO_2 总排放量的变化情况，可以发现：2001—2009 年第一产业 CO_2 排放量总体增加；第二产业 CO_2 排放量持续大幅增加；第三产业 CO_2 排放量呈现"凹"状变化，2001—2005 年碳排放量小幅减少，2006—2009 年碳排放量大幅增加，总体呈现增加的趋势。图 5—7 是三个产业碳排放量分别

在当年总排放量中的比重，可以发现，2001—2009 年第一产业碳排放量在当年总排放量中的占比变化不大，总体呈现下降趋势，比重维持在 3%—4% 之间；2001—2007 年第三产业碳排放量在当年总排放量中的占比持续下降，2008—2009 年急剧上升；第二产业碳排放量在当年总排放量中的占比最大（维持在 89%—92% 之间），2004—2007 年占比一直上升，2004—2005 年上升幅度尤其显著，2008—2009 年急剧下降。

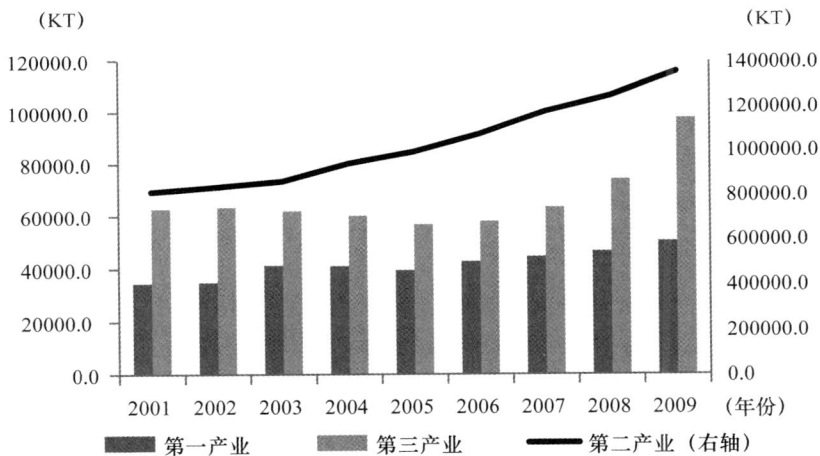

图 5—6　2001—2009 年印度三个产业 CO_2 排放量

数据来源：WIOD 2013 RESEASE。

其次，我们具体分析 2001—2009 年印度第二产业内部各行业 CO_2 排放的情况。图 5—8 反映了八个主要行业的 CO_2 排放量占第二产业总排放量比重，分别是采矿与采石、食物饮料和烟草、纺织品制造、焦炭和精炼石油产品制造、化学品及化学制品制造、其他非金属矿物制品制造、基本金属与加工金属制造、电和煤气与供水，这些行业

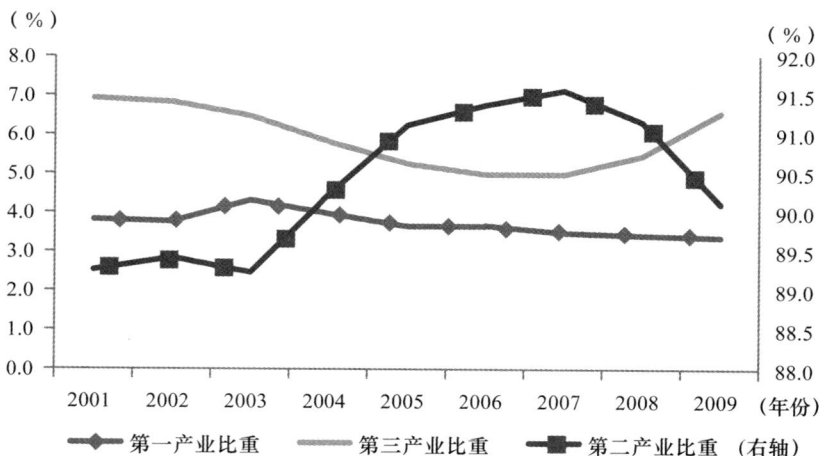

图 5—7　2001—2009 年印度三个产业 CO_2 排放量占当年总排放量比重

数据来源：WIOD 2013 RESEASE。

CO_2 排放量总和占第二产业总排放量的比重高达 95% 以上。其中，电和煤气与供水碳排放量占据第二产业总排放量超过一半（60% 左右）的比重，但是占比持续大幅下降，从 2001 年的 63.5% 下降到 2008 年的 59.6%，占比仅在 2003 年和 2009 年有所上升；碳排放量占第二产业总排放量比重排在第二、第三位的分别是其他非金属矿物制品制造、基本金属与加工金属制造，两个行业所占比重变化趋势相反，基本金属与加工金属占比持续上升，其他非金属矿物制品制造占比持续下降，2005 年基本金属与加工金属碳排放量占比超过其他非金属矿物制品制造，排在第二；采矿与采石碳排放占比的变化值得一提，采矿与采石碳排放占比总体呈现显著上升趋势，2003 年和 2005 年有所下降，2009 年碳排放量占比逼近基本金属与加工金属，排在第二。其余四个产业碳排放占比变化幅度较小，食物饮料和烟草碳排放占比总体呈现上升趋势，剩余三个行业都呈现下降趋势。

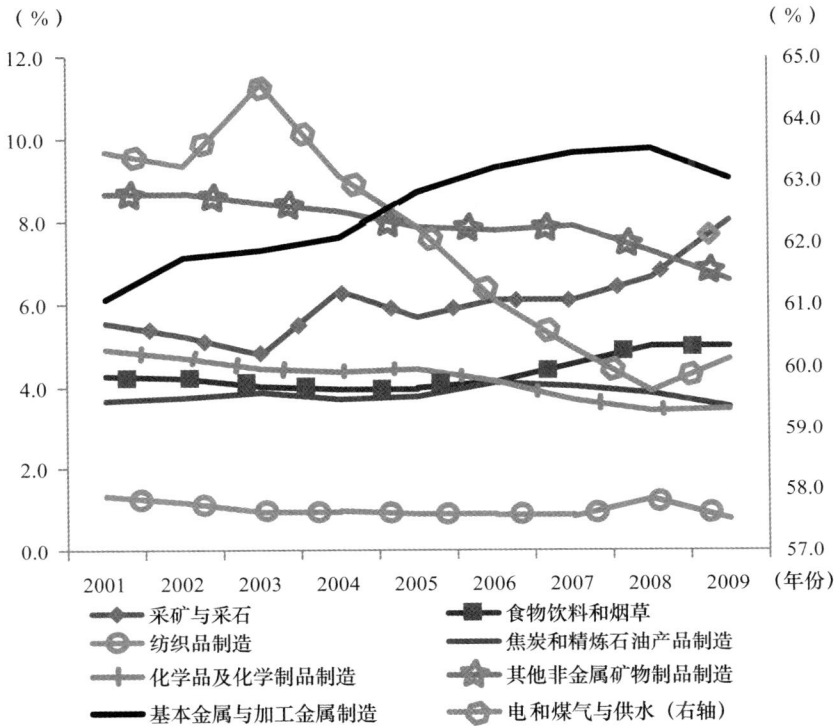

图 5—8　2001—2009 年印度第二产业内部各行业 CO_2 排放量

占第二产业总排放量比重

数据来源：WIOD 2013 RESEASE。

最后，我们具体分析 2001—2009 年印度第三产业内部各行业 CO_2 排放的情况。不同于俄罗斯第三产业内部各行业 CO_2 排放的特点，印度第三产业内部 CO_2 排放占比行业差距较大。从图 5—9 可以发现，对于印度的第三产业而言，如下九个行业的碳排放量较大，分别是建筑业、食宿服务、陆路运输与管道运输、汽车和摩托车外的零售贸易、水上运输、航空运输、其他辅助运输活动和旅行社的活动、信息和通信和其他社区与个人服务，其中陆路运输与管道运输、建筑业、

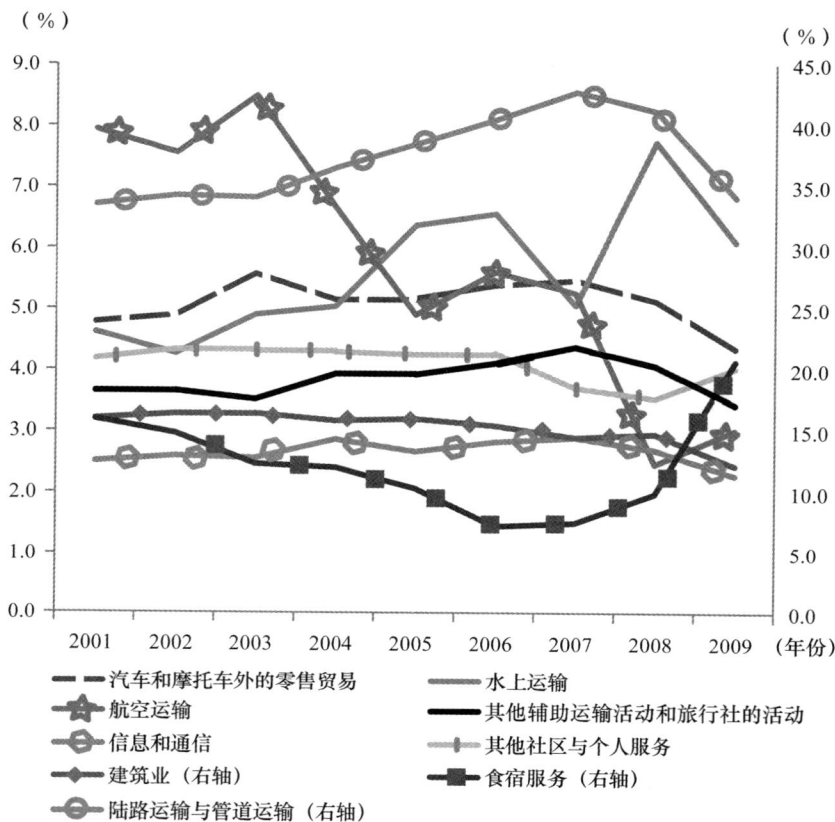

图 5—9　2001—2009 年印度第三产业内部各行业 CO$_2$ 排放量

占第三产业总排放量比重

数据来源：WIOD 2013 RESEASE。

食宿服务三个行业的碳排放量占有绝对优势，三个行业碳排放量占第
三产业总排放量比重总和超过一半（60%以上）。陆路运输与管道运
输碳排放在第三产业总排放量中占比最大，2003—2007 年占比持续大
幅上升，从 2003 年的 34.1% 上升到 2007 年的 42.7%，2008—2009
年急剧下降，总体呈现上升趋势；碳排放占比排在第二的是建筑业，

该行业碳排放占比持续小幅下降；食宿服务碳排放占比呈现"凹"状变化，2001—2006 年占比大幅下降，2007—2009 年占比急剧上升，2009 年增幅尤其显著，2009 年碳排放占比超过建筑业排在第二；在其余六个产业中航空运输和水上运输的碳排放占比变化比较显著，2001—2008 年航空运输占比波浪式急剧下降，水上运输波浪式急剧上升，2005 年水上运输占比超过航空运输，2009 年航空运输占比有所上升，总体呈现大幅下降趋势，2009 年水上运输占比有所下降，总体呈现上升趋势；剩下四个行业占比较小（小于6%），而且基本保持稳定。

三　巴西

（一）2001—2009 年巴西三个产业 CO_2 排放量总体分析

根据 WIOD 2013 年发布的统计数据显示，2009 年巴西三个产业的 CO_2 总排放量为 251288.4 千吨，其中，第一产业碳排放量为 25358.0 千吨，占当年总排放量的 10.1%；第二产业碳排放量为 136389.3 千吨，占当年总排放量的 54.3%；第三产业碳排放量为 89541.1 千吨，占当年总排放量的 35.6%。因此，仅从碳排放的绝对量和占比而言，三个产业 CO_2 排放量的大小顺序依此为第二产业、第三产业和第一产业，但是也可以发现，不同于俄罗斯和印度第二产业 CO_2 排放量占据绝对优势、碳排放占比产业差距悬殊的特点，巴西第二、三产业 CO_2 排放量占比相对接近。

（二）2001—2009 年巴西三个产业 CO_2 排放量分产业分析

图 5—10 描绘了 2001—2009 年巴西三个产业的 CO_2 总排放量的

变化情况，可以发现：2001—2009 年第一产业 CO_2 总排放量小幅增加；2001—2008 年第二产业 CO_2 总排放量小幅增加，2009 年急剧减少，总体呈现增加趋势；第三产业 CO_2 总排放量持续小幅增加，2003年略微减少。图 5—10 反映 2001—2009 年三个产业分别在当年总排放量中的比重，可以发现，2001—2009 年三个产业碳排放量在当年总排放量中的占比基本保持稳定，变化不大。2003—2007 年第一产业占比持续下降，2009 年占比上升，总体维持在 10% 上下；2004—2006年第二产业碳排放量在当年总排放量中的占比一直上升，2009 年占比显著下降，总体维持在 54%—58% 之间；2001—2008 年第三产业碳排放量在当年总排放量中的占比在 33% 上下波动式变化，2009 年占比显著上升，达到 35.6%。

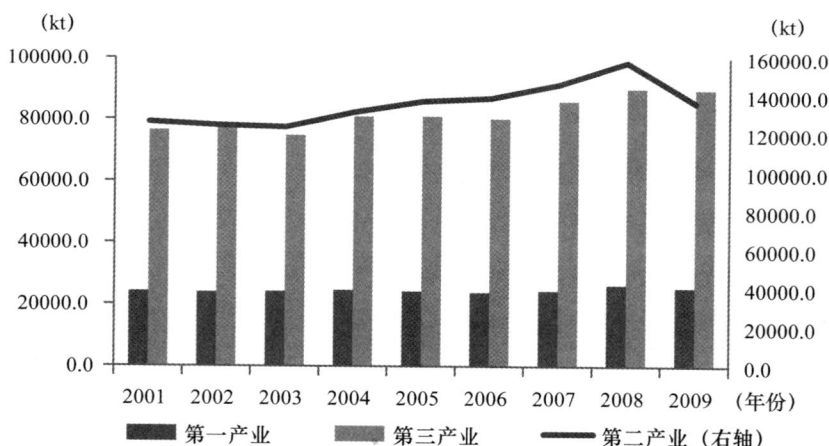

图 5—10　2001—2009 年巴西三个产业 CO_2 排放量

数据来源：WIOD 2013 RESEASE。

我们具体分析 2001—2009 年印度第二产业内部各行业 CO_2 排放的情况。以下六个行业碳排放量占第二产业总排放量的比重总和达到 85% 以上，这些行业按占比大小依次是基本金属与加工金属制造、其他非金属矿物制品制造、电与煤气与供水、化学品及化学制品制造、焦炭和精炼石油产品制造、采矿与采石。其中，基本金属与加工金属制造碳排放在第二产业总排放量中占有相对优势，2001—2004 年占比一直上升，2007—2009 年占比有所下降，总体呈现上升趋势。其余五个行业碳排放占比较为相近，其中碳排放占比有显著增幅的行业是采矿与采石，碳排放占比变化不大的行业是其他非金属矿物制品制造、焦炭和精炼石油产品制造，碳排放占比有显著降幅的行业是电与煤气与供水、化学品及化学制品制造，特别是电与煤气与供水碳排放占比呈现波浪式变化，而化学品及化学制品制造占比的变化幅度较小。

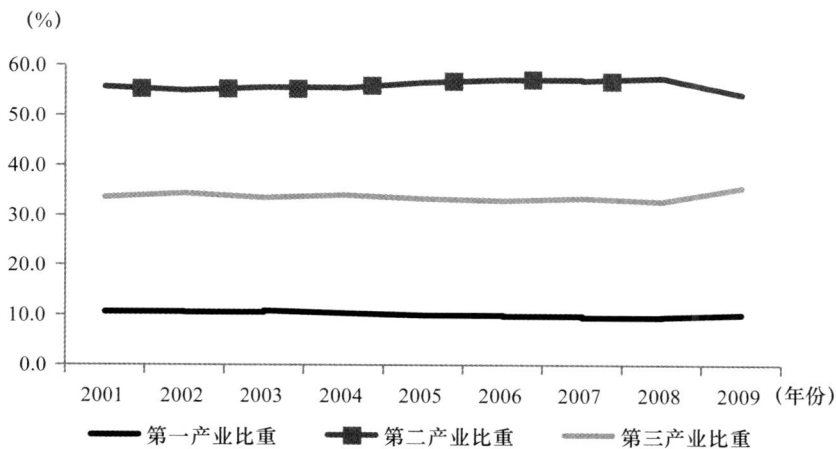

图 5—11　2001—2009 年巴西三个产业 CO_2 排放量占当年总排放量比重

数据来源：WIOD 2013 RESEASE。

我们具体分析 2001—2009 年巴西第三产业内部各行业 CO_2 排放的情况。从图 5—13 可以发现，对于巴西的第三产业而言，如下

(%)

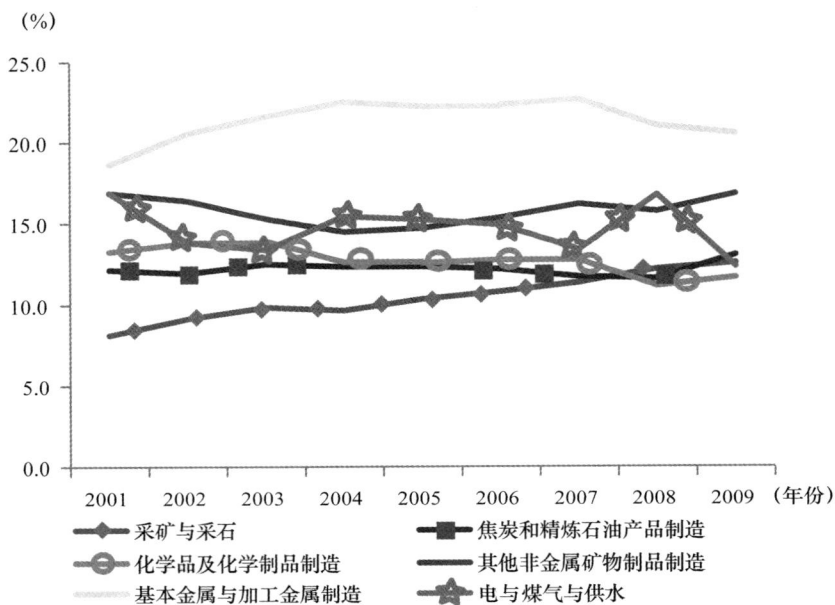

图5—12　2001—2009年巴西第二产业内部各行业CO$_2$排放量

占第二产业总排放量比重

数据来源：WIOD 2013 RESEASE。

五个行业的碳排放量较大，依次是陆路运输与管道运输、水上运输、出租和租赁、公共管理与国防、其他社区与个人服务，其中陆路运输与管道运输碳排放在第三产业总排放量中占比最大，且占比持续大幅上升，从2001年的33.7%上升到2008年的39.5%，2009年小幅下降；碳排放占比排在第二的是水上运输，该行业碳排放占比呈现波浪式变化，总体呈现下降趋势；其余四个行业占比基本保持稳定。

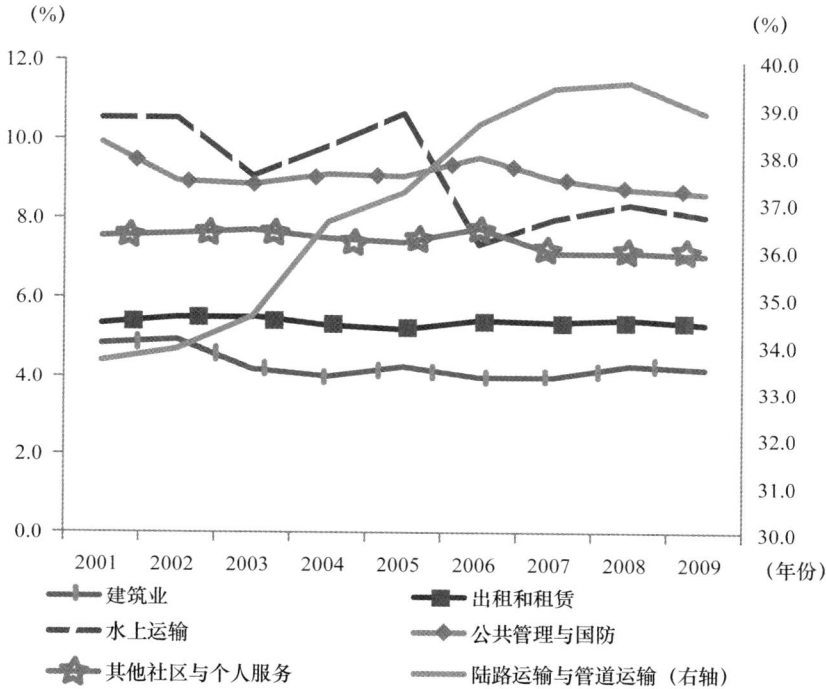

**图 5—13 2001—2009 年巴西第三产业内部各行业 CO_2 排放量
占第三产业总排放量比重**

数据来源：WIOD 2013 RESEASE。

四 中国

（一）2001—2009 年中国三个产业 CO_2 排放量总体分析

根据 WIOD 2013 年发布的统计数据显示，2009 年中国三个产业的 CO_2 总排放量为 6213551.1 千吨，其中，第一产业碳排放量为 118136.2 千吨，占当年总排放量的 1.9%，第二产业碳排放量为 5533265.3 千吨，占当年总排放量的 89.1%，第三产业碳排放量为

562149.6 千吨，占当年总排放量的 9.0%。因此，仅从碳排放的绝对量和占比而言，三个产业 CO_2 排放量的大小顺序依次为第二产业、第三产业和第一产业，碳排放构成与俄罗斯和印度具备相同的特点，即第二产业 CO_2 排放量占据绝对优势、碳排放占比产业差距悬殊。

（二）2001—2009 年中国三个产业 CO_2 排放量分产业分析

首先，通过分析图 5—14 的 2001—2009 年中国三个产业的 CO_2 总排放量的变化情况，可以发现：2001—2006 年第一产业 CO_2 总排放量持续增加，2007—2009 年有所减少；第二、三产业 CO_2 总排放量都持续大幅增加。再从图 5—15 可以发现，第一产业碳排放量在当年总排放量中的占比很小，2001—2009 年该比重持续下降；第三产业碳排放量在当年总排放量中的占比持续下降，2008—2009 年有所增加，变化范围维持在 8%—10% 之间；第二产业碳排放量在当年总排放量中的占比最大（全部达到85%以上），2001—2008 年该比重持续小幅上升，2009 年占比轻微下降。

其次，我们具体分析2001—2009 年中国第二产业内部各行业 CO_2 排放的情况。为分析第二产业 CO_2 排放内部构成的变化情况，图 5—16 筛选了碳排放量占第二产业总排放量的比重较大的四个行业，这些行业按占比大小依次是电与煤气与供水、基本金属与加工金属制造、其他非金属矿物制品制造、化学品及化学制品制造。其中，电与煤气与供水行业碳排放量占据了第二产业总排放量超过一半（50%—65%之间）的比重，占比变化幅度较大，2004 年和 2008 年比重有所下降，其余年份比重一直在上升；基本金属与加工金属制造、其他非金属矿物制品制造两个行业碳排放占比相近，且其他非金属矿物制品

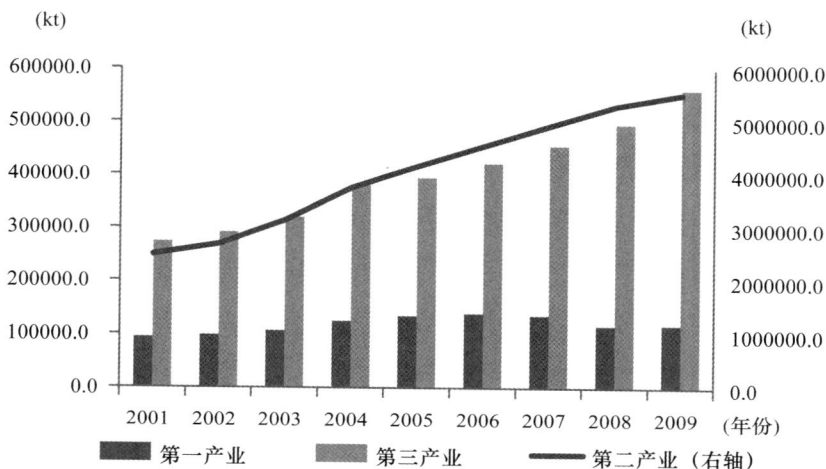

图 5—14　2001—2009 年中国三个产业 CO_2 排放量

数据来源：WIOD 2013 RESEASE。

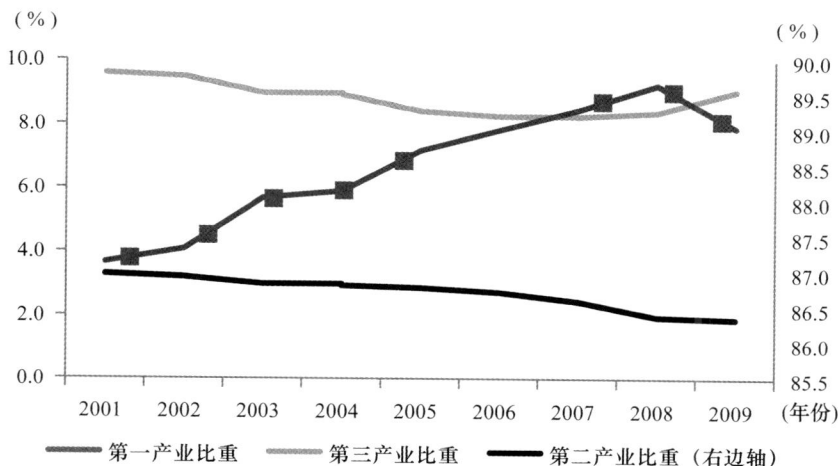

图 5—15　2001—2009 年中国三个产业 CO_2 排放量占当年总排放量比重

数据来源：WIOD 2013 RESEASE。

制造碳排放占比一直都略高于基本金属与加工金属制造，两个行业碳排放占比都维持在 10%—14% 之间上下波动，总体上基本保持稳定；

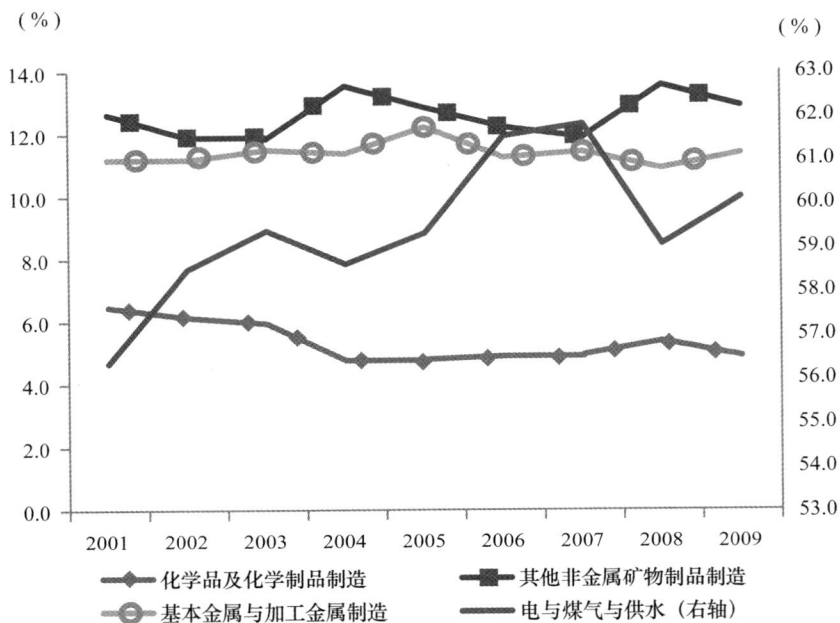

图 5—16 2001—2009 年中国第二产业内部各行业 CO_2 排放量

占第二产业总排放量比重

数据来源：WIOD 2013 RESEASE。

化学品及化学制品制造碳排放占第二产业总排放量比重总体下降，从
2001 年的 6.5% 减小到 2009 年的 4.9%。

最后，我们具体分析 2001—2009 年中国第三产业内部各行业 CO_2
排放的情况。从图 5—17 可以发现，对于中国的第三产业而言，如下
七个行业的碳排放量构成了第三产业总排放量的绝大部分，按照比重
大小排序依次是水上运输、航空运输、建筑业、汽车和摩托车外的批
发贸易、其他社区与个人服务、教育、出租和租赁。其中水上运输的
碳排放在第三产业总排放量中占比最大，且占比总体呈现大幅的下降
趋势，2002 年和 2006 年比重有所上升；碳排放占比排在第二的是航

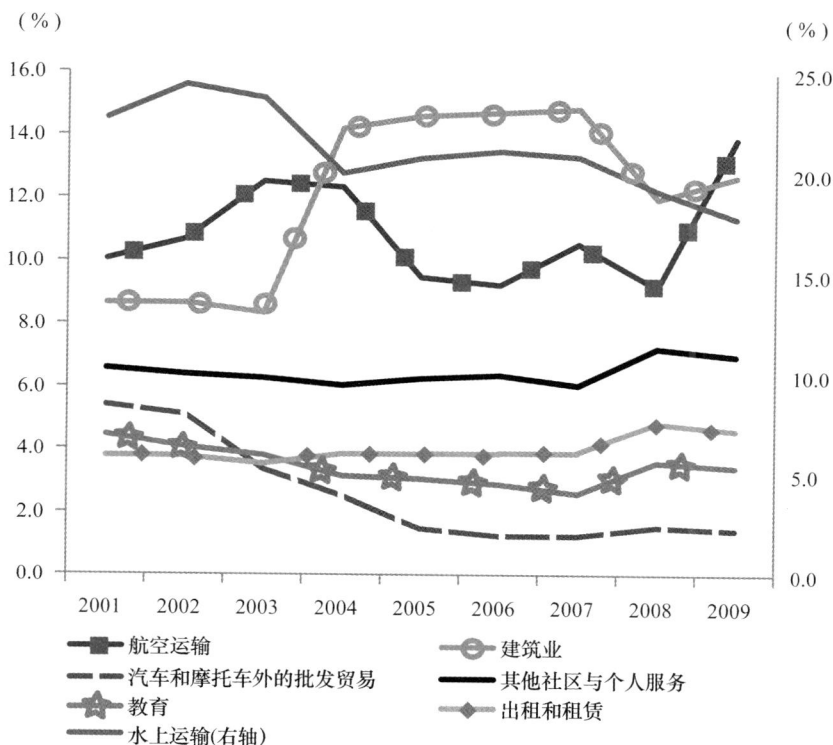

图 5—17　2001—2009 年中国第三产业内部各行业 CO_2 排放量

占第三产业总排放量比重

数据来源：WIOD 2013 RESEASE

空运输，该行业碳排放占比变化波动较大，比重最低为 2008 年的 9.2%，比重最高达到 2009 年的 13.9%，总体呈现上升的变化趋势；与航空运输碳排放比重相近的行业是建筑业，2003—2007 年该行业碳排放占比大幅上升，从 8.3% 上升到 14.9%，2004 年占比超过航空运输在第三产业 CO_2 总排放量中排在第二，2008 年占比急剧下降，2009 年又有所回升；剩余四个行业中，碳排放占比有明显降幅的行业是汽车和摩托车外的批发贸易，碳排放占比有所上升的行业是其他社区与个人服务、出租和租赁，碳排放占比有所下降的行业是教育。

◇ 第三节　金砖国家产业的 CO_2 排放情况比较分析

一　金砖国家产业的 CO_2 排放总量的比较分析

表5—2是2001年和2009年四国三次产业的 CO_2 排放总量的变化情况。从排放总量来看，2001年按照排放总量绝对值大小排序依次是中国、俄罗斯、印度和巴西，2009年排序变化为中国、印度、俄罗斯和巴西。中国的 CO_2 排放总量远远高于其他三个国家，占据了四国 CO_2 排放总量超过一半的比重，且比重大幅上升；巴西的 CO_2 排放总量远远低于其他三个国家，占四国 CO_2 排放总量比重不超过5%，2009年比重下降到2.7%；俄罗斯和印度 CO_2 排放总量绝对值比较接近，2001年俄罗斯 CO_2 排放总量占四国 CO_2 排放总量比重明显高于印度，2009年俄罗斯比重略微低于印度。从排放量的增长来看，2009年中国 CO_2 排放总量比2001年增加了118%，出现大幅度的增加趋势；印度 CO_2 排放总量也呈现大幅度的增加趋势，2009年的 CO_2 排放总量比2001年增加了65.5%；巴西和俄罗斯从2001年到2009年 CO_2 排放总量增长幅度较小，分别增长了10.7%和2.7%，以上结果可能与四国处于工业化的不同阶段有关，中国位于工业化快速发展阶段，能源需求较大，印度进入工业化初步阶段，对能源需求的增长紧随中国之后，而巴西和印度已经进入工业化后期，所以能耗的 CO_2 排放不再大幅增长，当然这个也与产业结构不同导致四国的能源

消耗结构有所差异相关联。

图 5—18 是 2001 年和 2009 年四国三次产业 CO_2 排放量占当年总排放量比重。从四国内部三次产业 CO_2 排放量的结构来看,俄罗斯、中国和印度结构相似,第二产业 CO_2 排放占据了 CO_2 排放总量的绝大部分,第三产业 CO_2 排放占比略微高于第一产业,第三产业与第一产业 CO_2 排放量所占比重差距大小按照顺序依次是俄罗斯、中国、印度;不同于前面三个国家,在巴西 CO_2 排放总量内部三次产业的构成上,第二产业占比略高于第三产业,且在四个国家中巴西第三产业 CO_2 排放量占据 CO_2 排放总量的比重最大。四个国家 2001 年与 2009 年三次产业 CO_2 排放量占当年总排放量比重变化比较平稳,CO_2 总排放量内部三次产业排放量占比没有发生明显变化。

表 5—2　　　金砖四国 2001 年和 2009 年三次产业 CO_2 排放总量对比

单位:千吨

国家	巴西		俄罗斯		印度		中国	
年份	2001	2009	2001	2009	2001	2009	2001	2009
第一产业	24126	25358	29740	24380	34633	50454	93488	118136
第二产业	126541	136389	1188525	1194281	810156	1353199	2484185	5533265
第三产业	76403	89541	154806	191824	62828	98156	273005	562150
总排放量	227070	251288	1373071	1410486	907617	1501808	2850678	6213551

数据来源:WIOD 2013 RESEASE。

表 5—3　　　　　　　金砖四国碳排放量占总排放量比重　　单位:千吨,%

年份	金砖四国碳排放总量	巴西	俄罗斯	印度	中国
2001	5358435.782	4.2	25.6	16.9	53.2
2009	9377133.855	2.7	15.0	16.0	66.3

数据来源:WIOD 2013 RESEASE。

（%）

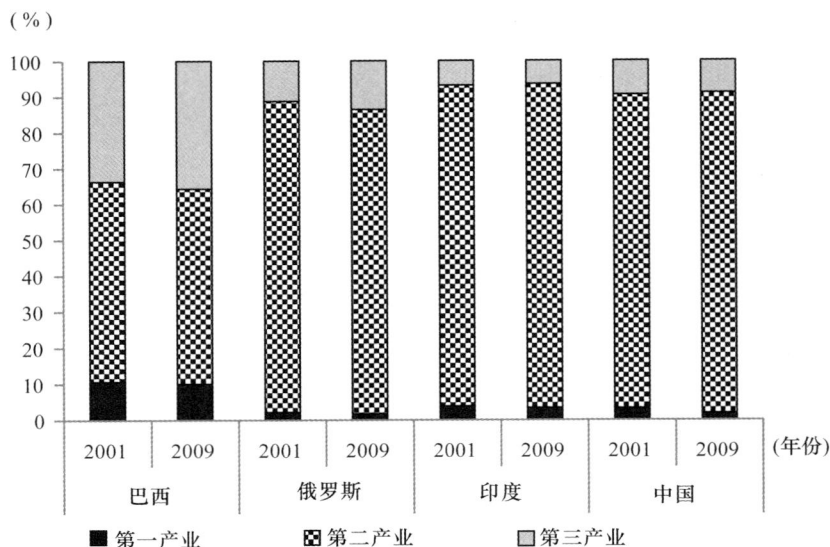

图5—18　2001年和2009年金砖四国三次产业CO$_2$排放量

占当年总排放量比重

数据来源：WIOD 2013 RESEASE

二　金砖国家第二产业CO$_2$排放强度对比分析

对比2009年金砖四国第二产业内部（工业行业）各行业CO$_2$排放强度，四国采矿业的CO$_2$排放强度按照大小排序依次是印度、俄罗斯、中国和巴西，这说明巴西和中国采矿业和石油开采业对减少碳排放做了较多的工作。四国化学品及化学制品制造业CO$_2$排放强度按照大小排序依次是俄罗斯、中国、印度和巴西，这可能与俄罗斯与中国处于重工业的转型阶段有一定关系。其他非金属矿物制品制造行业的CO$_2$排放强度按照大小排序依次是中国、印度、俄罗斯和巴西，基本金属与加工金属制造CO$_2$排放强度按照大小排序依次是俄罗斯、印度、中国和巴西。除巴西外其余三国在电、煤气与供水行业的 CO_2 排放强度都达到 1000 吨 CO_2／百万美元以上，巴西在该行业的 CO_2 排放强度只有 36.1 吨 CO_2／百万美元。

表5—4　　　　　四国工业行业 CO_2 排放强度（2009）

单位：吨 CO_2／百万美元（参考 2010 年美元价格）

行业		2009 年			
大类行业	细分行业	中国	巴西	印度	俄罗斯
采矿业	采矿与采石	77.8	36.7	234.8	222.4
制造业	食物饮料和烟草	28.2	10.6	146.2	11.3
	纺织品制造	19.8	4.8	22.8	1.1
	皮革和相关产品制造	1.4	0.9	0.7	0.2
	木材及其制品	4.8	0.8	25.6	4.1
	纸和纸制品制造	20.7	8.6	19.0	3.6
	焦炭和精炼石油产品制造	40.2	38.1	103.2	149.7
	化学品及化学制品制造	107.2	34.1	101.6	135.6
	橡胶和塑料制品制造	9.3	2.5	7.0	1.3
	其他非金属矿物制品制造	283.6	49.1	192.2	163.4
	基本金属与加工金属制造	250.1	60.0	264.3	412.7
	机械设备与电气	15.6	2.4	12.4	5.5
	光电设备	7.6	3.7	8.7	2.4
	运输设备	10.1	2.6	23.9	5.6
	其他与回收	2.2	1.5	2.0	1.1
电力、热力、燃气及水的生产和供应	电、煤气与供水	1324.2	36.1	1755.9	1663.2

说明： CO_2 排放强度用各行业的 CO_2 排放量除以工业增加值。

◇ 第四节　主要结论

通过对金砖国家工业经济结构特点以及关于 CO_2 排放的测算与产业排放情况的分析，可以得到如下结论：

第一，金砖国家产业结构特点与国家所处工业化阶段相关。2009年金砖四国处于不同的工业化阶段，巴西和俄罗斯已经从工业化过渡到以第三产业推动经济总量发展的阶段；中国处于工业化加速阶段；不同于其他三个国家"一、二、三"产业结构的发展顺序，印度首先发展第三产业，然后才开始进入工业化。由于处于不同的发展阶段以及国家资源禀赋的差异，四国形成不同的产业结构和优势产业。

第二，金砖国家碳排放情况的差异与产业结构存在一定的相关关系，其中碳排放情况可能还受到其他因素比如能耗水平、技术水平、节能减排强度等因素的影响。

四国第三产业增加值占据了 GDP 最大比重，但是由于第二产业的碳排放强度最大，所以第二产业的比重高低以及第二产业内部结构特点直接影响到一国的碳排放总量。巴西制造业以食物饮料和烟草、化学品及化学制品制造、基本金属与加工金属制造为主，但是巴西这些行业的碳排放强度在四国中都最小；俄罗斯制造业主要以焦炭和精炼石油产品制造、食物饮料和烟草、基本金属与加工金属制造为主，其中内部焦炭和精炼石油产品制造业占有绝对优势，因此焦炭和精炼石油产品制造业的碳排放强度在四国中排第二。虽然俄罗斯化学制品制造产值远远低于其余三个国家，但是该行业的碳排放强度却最大；

印度制造业主要以食物饮料和烟草、纺织品制造、焦炭和精炼石油产品制造、基本金属与加工金属制造为主，这四个产业比重相近，且纺织业远远高于其他三国，所以印度碳排放强度在四国中排位较前的是焦炭和精炼石油产品制造业、基本金属与加工金属制造；中国制造业以基本金属与加工金属制造、食物饮料和烟草、化学品及化学制品制造、纺织品制造为主，焦炭和精炼石油产品制造业比重远远低于其余三个国家，基本金属与加工金属制造比重明显高于其他三国。因此碳排放强度在四国中排序较前的是化学品和化学制品制造业、其他非金属矿物制品制造行业，但是产值明显高于其他三个国家的基本金属与加工金属制造业，碳排放强度却在第三。

第 六 章

低碳经济下金砖国家间产能合作模型的构建

当前全球格局的两大基本内容是：以美国为代表的西方发达国家权力地位相对下降和以金砖国家为代表的新兴市场经济国家权力地位的相对上升。尽管发达经济体和金砖国家经济发展的出现了此消彼长，但是彼此之间的竞争与合作将长期存在。本章试图构建一个在低碳经济下金砖国家以及与主要发达经济体间的产能合作的模型，通过最优化方法构建世界投入产出模型下的国际产能合作框架。

◇◇ 第一节 问题的提出和理论基础

2001 年，美国高盛公司首席经济师吉姆·奥尼尔（Jim O′Neill）首次提出"金砖国家"这一概念，其特指新兴市场投资代表。同属于新兴大国的金砖国家，在寻求发展的进程中，有许多相同的诉求和共识，当然，也面临着许多相似的问题。金砖国家面临的共同问题是发展与合作，金砖国家之间的合作不应局限在机制和金融合作层面，还应扩展到实体经济的治理与合作上。尽管金砖国家在地理空间上相距较远，在发展目标和模式上不尽相同，但经济的互补性更有利于国家间的合作。

随着全球气候变化的深入影响，减少碳排放成为世界环境可持续发展的诉求，各国经济发展面临严峻考验。尤其是以金砖国家为代表的新兴经济体在过去几十年中的粗放型增长造成大量排放，以及发达国家"毫无节制"的消费导致的能源资源消耗，都成为全球气候变化中首当其冲需要治理的议题。于是，"低碳经济"的概念 2003 年首先在英国能源白皮书《我们能源的未来：创建低碳经济》中提出。[①] 可以预见，在低碳经济下，金砖国家的经济增长和产业发展路径也会发生变化，在经济增长可持续性和碳减排的约束下，这些新兴经济体需要转变经济发展模式，并加强彼此之间的产能合作。那么，国际气候公约中制定的各国减排目标成为各国经济发展新的约束条件，当然也势必影响金砖国家与发达经济体之间的产能合作。

从 2000 年以来，金砖国家的碳排放量就不断增加。2012 年，金砖国家在全球能源相关的 CO_2 排放中约占 40% 的排放量，其中，中国和印度作为两个排放最大的国家，与能源相关的 CO_2 排放量较 2000 年分别增长了三倍和两倍以上。国际能源署（IEA）预测，到 2040 年，金砖国家源自化石燃料的碳排放量将占到全球碳排放的近 47%，而印度和中国则占到全球碳排放量的近 40%，在此期间，印度、中国和巴西的年均碳排放增速都高于全球增长水平。[②] 在金砖国家的低碳经济政策方面，各国都制定了发展规划。R. Srikanth（2018）提到印度政府对再生能源装机容量的提升做出了长远规划，并向联合

---

① Department of Trade and Industry, U. K., "Our energy future: creating a low carbon economy", *Energy White Paper*, London: The Stationery Office, 2003.

② World Energy Outlook, 2014. IEA 还预测了 2012—2040 年间，全球 CO_2 排放的年均增速为 1.33%，中国为 1.63%，印度为 3.71%，巴西为 2.14%，俄罗斯为 0.59%，南非为 1.01%。

国气候变化框架公约提交了 2021—2030 年国家自主贡献（NDC）目标。图 6—1 描绘了金砖国家和主要发达经济体 2016 年的经济和碳排放量的基本情况。在经济方面，美国、欧盟和中国按购买力平价（PPP）计算的 GDP 份额基本相当，都占到全球的 15% 以上，其他金砖国家中的俄罗斯、巴西和南非所占份额较低。在碳排放方面，中国的 CO_2 排放总量份额明显高于欧盟、日本、美国和俄罗斯等国家和地区。但是在人均碳排放量上，美国要远高于欧盟、日本、中国和其他金砖国家。

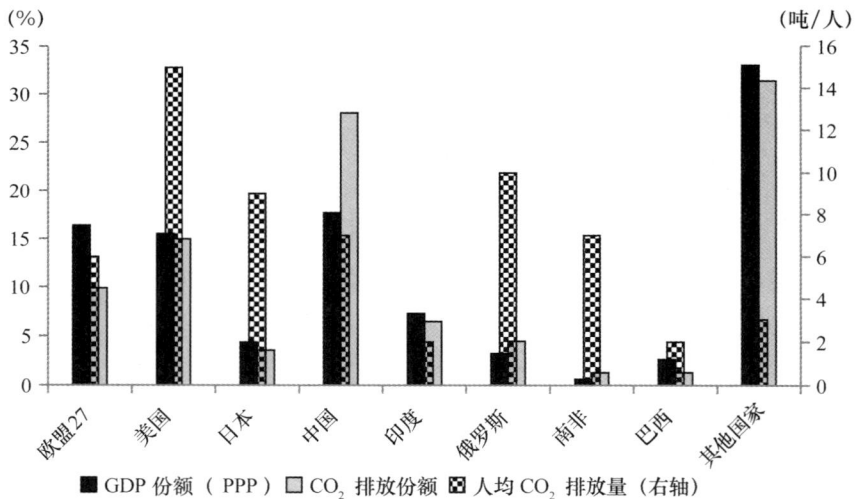

图6—1　2016 年金砖国家和主要发达经济体的 GDP 和 CO_2 排放情况

数据来源：国际能源署（IEA）统计数据。

无论是从能源消费总量还是能源效率，金砖国家都已占据重要地位，能源合作已成为新时代促进金砖国家间经济合作的重要途径（刘文革等，2013）。虽然在能源安全和气候变化等问题上立场相近，但由于金砖国家经济发展水平参差不齐，在能源诉求上各有侧重。张文城等（2014）利用 MRIO 模型测算消费侧和生产侧资源环境指标，发现发达国家的消费侧资源环境负荷普遍高于其生产侧资源环境负荷，发展中国家则相反。彭水军等（2015）采用 MRIO 模型测算了 1995—2009 年中国生产侧和消费侧碳排放量，认为中国大量的生产碳排放服务于美、欧、日等发达经济体的最终需求，存在突出的"发达国家消费和发展中国家污染"失衡问题。

在促进金砖国家经济增长和产能合作方面，结构转型和部门内的积累与创新是经济增长的源泉，产能合作是优势产能合作，其是金砖国家间产能合作的最主要特征之一（田丰，2017）。产能合作在某种程度上体现的是国家之间的产业转移，无论是在开放条件下生产要素的跨国流动，还是国家之间产业层面进口中间投入国别份额的变化，都显示出国家间深化了产能合作。在影响国家间产能合作的因素中，对外直接投资、研发投入和进口成为提升国家间产能合作效率的关键，中国等新兴市场国家已经进入跨国产能合作高效率溢出阶段。

传统经济发展模式下的产业调整和产能合作不断深化，如果把低碳经济作为发展约束，探讨金砖国家之间以及与发达经济体的产业发展和产能合作是当前乃至未来的重要发展议题。国际产能合作主要通过促进产业转移、创造规模经济效应、技术溢出和优化市场要素配置来提升合作国家的经济发展效率。金砖国家之间存在明显的非均衡性差异，主要表现在产业比较优势、国际分工、要素禀赋等不同，这正是金砖国家开展产能合作的基础，也契合优势国家产业梯度转移的合作模式。

金砖国家之间，以及金砖国家与主要发达经济体之间的产能合作路径选择，也是基于产业比较优势、国际分工和要素禀赋等方面的差异创造的产业转移和转型升级的结果。考虑气候变化中的碳排放这一新变量，在很大程度上会加快上述国家之间产能合作的步伐。国家之间的产能合作主要表现为消费侧产能合作和生产侧产能合作，消费侧产能合作的形式包括产业转型升级形成的贸易、投资和国际经济合作等方式，生产侧产能合作主要体现为生产要素跨国流动。消费侧产能合作在投入产出技术下则表现为中间投入使用和最终需求构成中国别份额的变化，所以，本章研究的产能合作主要考察国家间中间投入使用和最终需求的构成变化情况。莫建雷（2018）在碳减排目标下对产业结构进行优化的实质是将资源在各产业之间进行重新配置（张捷、赵秀娟，2015）。当然，也有利于各国充分发挥自身的比较优势，以转换经济发展模式并提高经济增长质量。

在碳减排的情景模拟方法上，学者们采用了不同的数理方法。李涛（2013）运用非定向 DEA 方法——RAM 模型估算了中国各省的经济效率、碳环境效率，并将两者整合在统一的联合效率框架以测度碳排放与经济增长的耦合关系。莫建雷（2018）考察了碳定价和非化石能源政策驱动下，未来碳排放、能源消耗和经济产出的演化趋势，分析了如何实现碳达峰目标、非化石能源比例目标和碳强度目标的政策措施。本章试图在全球视角下，借助世界投入产出表来分析在实现碳减排目标下的目标最优化问题，即研究发达经济体与金砖国家的产业发展，以及相互之间的产能合作的发展情况。

国际产能合作是一个国家的工业生产能力通过跨国和跨地区对另一个国家和地区进行能量输出的合作行为。与产业转移略有不同的是，产能合作侧重于总体能量的调整和布局，而产业转移更强调整个产业的移位和转出。而在国际产能合作中，优势产能合作是金砖国家间产能合作的最主要特征之一，互补产能合作则是金砖国家与发达经济体间产能合作的主要方向。本章在投入产出技术下研究的国际产能合作，这里的产能合作包括两个传导渠道，第一个传导渠道是国家 A 的产出（包括中间品和最终消费品）供国家 B 消费或者再生产使用，这体现了跨越国界的产能输出或者产品交换；第二个传导渠道是国家 A 在国家 B 通过投资设厂进行生产商品，满足东道国市场需求的情形，这可以体现出国家间产业转移和产业转型升级。无论上述哪种传导渠道都涉及产品或者生产要素的跨境流动，在国家间投入产出模型的框架下，国际产能合作则表现为在产业层面上，就是国家 A 从国家 B 进口中间产品份额的变化，该份额变大说明两国在该产业上深化了产能合作，也可以说是两国间产业关联不断加强。产能合作不仅促进了产能和其他生产要素的对外输出，还能化解产能过剩带给国家经济发展的负面效应。

◇◇第二节　碳排放与产出的目标最优化模型的构建

根据标准的单一国家（区域）投入产出（Single-Region Input-Output，SRIO）模型构造一个国家间投入产出（Inter-Country Input-Output，ICIO）模型，是本章构建碳排放与产出目标最优化模型的理论基础（简单的国家间投入产出模型见表6—1）。在单个国家的投入产出模型中，总产出 X 是中间投入 Z 和最终消费需求 Y 之和，即有：

$$X = Z + Y = AX + Y = (I - A)^{-1}Y$$

表6—1 国家间投入产出模型的简单形式

			中间使用							最终需求（使用）			总产出
			国家1			...		国家n		国家1	...	国家n	
			sec 1	...	sec j		sec 1	...	sec j				
中间投入	国家1	sec 1	x_{11}^{11}	...	x_{1j}^{11}	...	x_{11}^{1n}	...	x_{1j}^{1n}	F_1^{11}	...	F_1^{1n}	X_1^1
		...	...	...	...	...	...	...	...	...		...	...
		sec j	x_{j1}^{11}	...	x_{jj}^{11}	...	x_{j1}^{1n}	...	x_{jj}^{1n}	F_j^{11}	...	F_j^{1n}	X_j^1
		...	...	...	...	...	...	...	...	...			
	国家n	sec 1	x_{11}^{n1}	...	x_{1j}^{n1}	...	x_{11}^{jn}	...	x_{1j}^{nn}	F_1^{n1}	...	F_1^{n1}	X_1^n
		...	...	...	...	...	...	...	...	...			
		sec j	x_{j1}^{n1}	...	x_{jj}^{n1}	...	x_{j1}^{jn}	...	x_{jj}^{nn}	F_j^{n1}	...	F_j^{n1}	X_j^n
最初投入			V_1^1	...	V_j^1	...	V_1^n	...	V_j^n				
总投入			X_1^1	...	X_j^1	...	X_1^n	...	X_j^n				

注：sec 表示部门。进口和出口部分未在表中表示出。

那么，对于一个国家的部门 i 而言，上述投入产出方程则可以具体表示为：

$$X(i) = \sum_j A(i,j)X(j) + Y(i) \tag{1}$$

其中，$A(i,j)$ 是中间投入品的直接消耗系数矩阵，它反映了部门之间的直接经济技术联系，经济学含义体现为部门之间的技术水平，其要素可以表示为：$a_{ij} = z_{ij}/X_j$，z_{ij} 是部门 i 的产出作为部门 j 的中间投入。

式（1）是单个国家的投入产出恒等式。下面需要把单个国家的投入产出模型和碳排放方程扩展至多国多部门的情形，也就是构建国家间投入产出模型（ICIO）和多国多部门碳排放方程。依照公式（1）可以得到 n 个国家的投入产出恒等式，例如，国家 k 的部门 i 的投入产出恒等式为：

$$X(i,k) = \sum_j A(i,j,k)X(j,k) + \sum_j \sum_{n-1} A(i,j,k)X(j,k) +$$
$$\sum_j Y(i,k) + \sum_{n-1} Y(i,k) \tag{2}$$

$A(i,j,k)$ 是多国 n 情形下的直接消耗系数矩阵，$X(i,k)$ 和 $X(j,k)$ 分别是国家 k 的部门 i 和 j 的总产出。$Y(i,k)$ 是国家 k 部门 i 的最终消费需求，其应该等于中间品投入和各种能源投入之和，$E(i,k)$ 为国家 k 部门 i 的各种能源投入使用价值量，于是有以下恒等式：

$$Y(i,k) = \sum_j A(i,j,k)X(j,k) + E(i,k)$$

为了计算国家 k 部门 i 引致的碳排放量，可以使用 WIOD 数据表中给出的国家—部门层面碳排放量计算出所有国家部门 i 总的碳排放量 C_i，再利用 WIOD 表的直接消耗系数矩阵 $A(i,j,k)$，可以求得国家 k 部门 i 的碳排放量。这样计算出来的部门碳排放量考虑了各部门进口中间投入品进行生产所导致的碳排放转移的问题，能够还原在全球视角下国家各部门实际的碳排放量。所以，国家 k 部门 i 的碳排放量可以表示为：

$$tc(i,k) = C_i * A(i,j,k) = \sum_n C(i,k) * A(i,j,k) \tag{3}$$

此外，国家 k 部门 i 各种能源的投入与生产过程中排放的 CO_2 在价值量上存在恒等关系，其中 λ 是能源的碳排放因子。

$$C(i,k) = \sum_n \lambda_m E_m(i,k)$$

在全球气候变化和发展低碳经济背景下，国家经济增长和产业发展受到碳排放的影响，把国家碳减排目标作为国家经济发展的另一个约束条件，检验在此目标下各国经济增长受到的影响，以及各国各部门之间发生的结构性变化以及产能合作，是本章研究的核心内容。如何把各个国家碳减排目标融入模型之中，进而检验碳减排对经济增长和产能合作的影响，是本章研究的关键内容和创新之处。利用碳排放强度的减少衡量碳减排目标，是各国共同采取的碳减排目标方式。在各国减排目标明确的条件下，各国产业部门可以获得碳减排的具体任务目标。

为了同时实现最小化碳排放量和最大化最终需求量的双重目标，需要进行双重最优化配置的求解。利用双重目标线性规划的方法，研究如何在各国碳减排的目标下，构建国家间产业发展和产能合作的发展新模式。以下是模型要满足碳减排约束的目标函数：

$$max\left[\sum_i \sum_n X(i,k)\right]$$

约束条件包括：

$$X(i,k) = \sum_j A(i,j,k)X(j,k) + \sum_j \sum_{n-1} A(i,j,k)X(j,k)$$
$$DW + \sum_j Y(i,k) + \sum_{n-1} Y(i,k)$$

$$C(i,k) < \sum_n \lambda_m E_m(i,k)$$

$$X(i,k) > \sum_j A(i,j,k)X(j,k) + \sum_n E_m(i,k)$$

为了求解碳减排约束下的目标最优化问题，需要运用线性规划的方法来求解环境对经济增长影响下的产业发展与合作问题。第一个目标，是要最小化碳排放的影响并且要通过调整经济结构减少环境影响的范围；第二个目标，是要设定产出需求最大化的模型。以上经济产出（增长）目标是建立在投入产出标准方程、碳排放方程和需求浮动三个约束条件之下。

虽然假定多国投入产出的技术水平在短期内不变，但是经过碳排放约束之后的情景模拟结果，可以得到体现各国之间投入产出的实际流量表。投入产出流量表则可以展示出各国之间产业关联的变化情况，我们以此来分析南北国家之间，以及金砖国家之间的产能合作的发展变化情况。

　　双重目标线性规划的方法，就是在区域范围内搜索边界上点，使目标达到最优解的过程，也就是实现帕累托效应。同时，对最优解的结果解释，要用敏感性分析的方法，分析临界值变化对于最优解产生的影响，以及如何调整变量才能重新实现最优解，进而可以提出建设性意见。本章的多重目标投入产出模型是在实现需求最大化、碳排放最小化的前提下，考察金砖国家与发达国家之间的投入产出的关系，进而得出国家间产能合作的状态和结构特征。

第 七 章

低碳经济下的贸易碳排放
对金砖国家合作的影响

根据金砖国家间的贸易量来看，金砖国家内部的贸易尚且存在碳排放严重的问题，与金砖国家之外的国家进行贸易时的碳排放问题更是难以解决。如何衡量国际贸易中内涵的碳排放，是厘清金砖国家贸易的环境责任，以及发展低碳经济的有效手段。同时，金砖国家机制为解决贸易碳排放问题提供了一个有效的框架。

◇ 第一节　贸易碳排放对金砖国家合作
与发展的影响

许多研究证实国际贸易对气候变化会产生重大影响。贸易对于一些国家来说是将本国温室气体排放转移到伙伴国的一个有效途径。金砖国家大多经历了快速发展的阶段，但是与此同时也成了全球温室气体排放居于前列的国家。1992 年至 2011 年，金砖国家 CO_2 排放总量增加约 17 万吨。2011 年，金砖国家 CO_2 排放量占全球 40%。在全球五大 CO_2 排放国中，有三个是金砖国家。中国是金砖国家中排放 CO_2 最多的国家，尤其是在过去 10 年。如图 7—1 所示，俄罗斯和印度也

产生了相对较多的 CO_2。与其他国家相比，中国、印度和俄罗斯产生的 CO_2 要高得多。虽然巴西和南非的数字低于其他三个金砖国家，但在 1992 年以后继续上升。如图 7—2 所示，俄罗斯和南非的人均 CO_2 排放量是五国中最高的，因为它们的人口少于中国和印度。[①]　图 7—3 则显示出金砖国家在 20 世纪 90 年代的能源消费较高，直到 21 世纪前十年的中期阶段才有所放缓，出现了下降的趋势。贸易碳排放对金砖国家的发展有深远影响，是金砖国家在日后进行合作的过程中不可回避的问题。

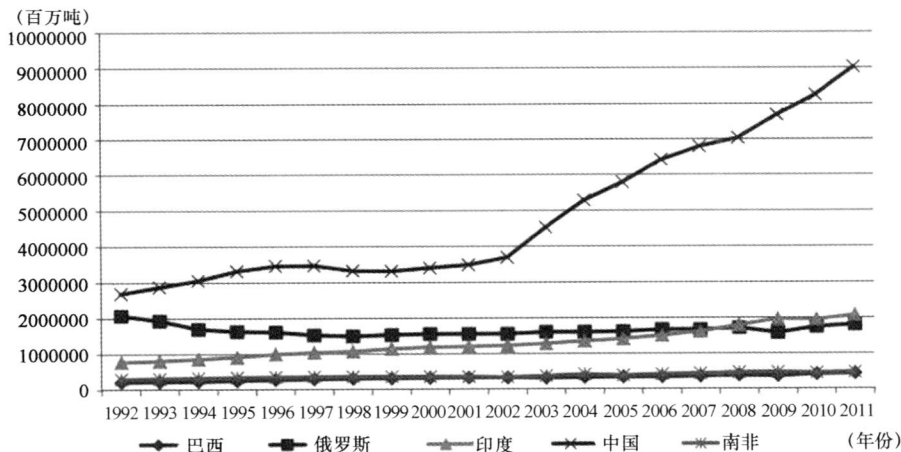

图7—1　金砖国家 CO_2 排放量

资料来源：Shihong Zeng, Yuchen Liu, Chao Liu, Xin Nan, "A review of renewable energy investment in the BRICS countries：History, models, problems and solutions", *Renewable and Sustainable Energy Reviews*, 74, 2017, pp 860 – 872.

① Shihong Zeng, Yuchen Liu, Chao Liu, Xin Nan, "A review of renewable energy investment in the BRICS countries：History, models, problems and solutions", *Renewable and Sustainable Energy Reviews*, 74, 2017, pp 860 – 872.

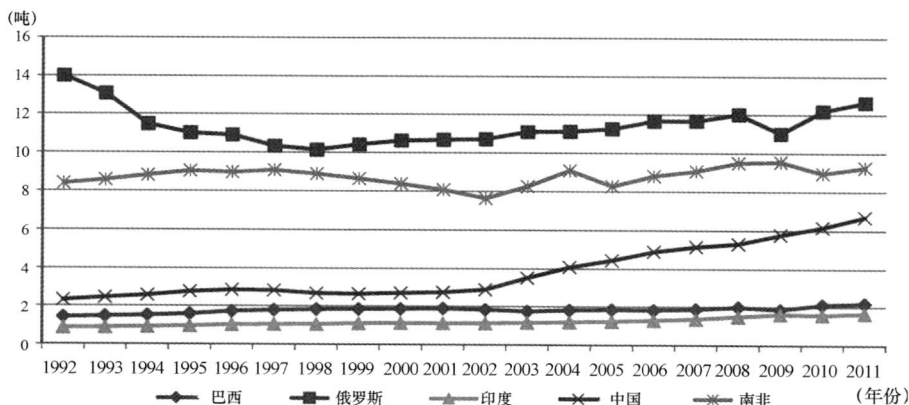

图7—2 金砖国家人均 CO_2 排放量（单位：吨）

资料来源：Shihong Zeng, Yuchen Liu, Chao Liu, Xin Nan, "A review of renewable energy investment in the BRICS countries: History, models, problems and solutions", *Renewable and Sustainable Energy Reviews*, 74, 2017, pp 860 –872.

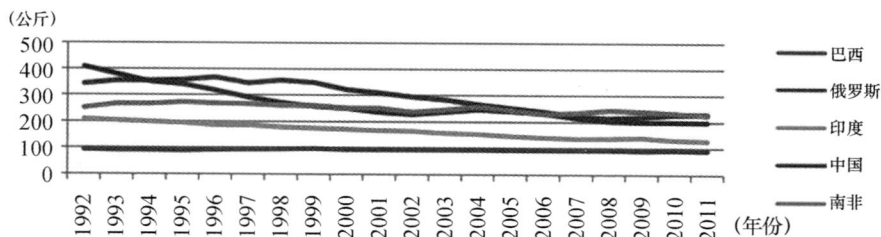

图7—3 金砖国家能源使用情况（油当量）

资料来源：Shihong Zeng, Yuchen Liu, Chao Liu, Xin Nan, "A review of renewable energy investment in the BRICS countries: History, models, problems and solutions", *Renewable and Sustainable Energy Reviews*, 74, 2017, pp 860 –872.

     贸易碳排放对金砖国家的发展造成的影响应当从多个角度进行分析。首先，贸易碳排放会由于产业转移对金砖国家的经济增长方式产生影响。有研究结果表明，高碳产业与低碳产业发生了跨国界的转移现象，并且是双向转移；国际贸易开放度提高使得金砖国家碳排放以及人均碳排放增加。例如，金砖国家和美国之间的贸易往来中虽然是高碳产业和低碳产业双向转移，但是金砖国家还是为美国承担了碳排放的压力，尤其是一些隐含碳排放（钟冰平，2017）。从表7—1中可以看到，欧美等发达国家在出口商品碳密集度和国内生产总值碳密集度两个数据上都要明显优于金砖国家。在出口商品和国内生产总值上的碳密集度较高说明金砖国家需要在管理减排中投入更多的管理成本，这使得金砖国家在对外贸易中居于劣势。还有研究指出，金砖国家经济增长模式不同，主要产业有很大差异，在碳排放上也是如此。碳排放对经济增长具有一定的阻碍作用，而能源贸易则能有效促进经济发展（李旸等，2017）。更加细化的研究指出贸易碳排放对于金砖国家不同成员国的影响有一定程度的差异。《京都议定书》附件一中的缔约方对非附件一中的缔约方排放量很大，但分布不均匀。研究表明，这种碳泄露主要发生在中国和俄罗斯（附件一缔约方）。印度的温室气体排放总量的增加主要是由于经济活动扩大和所谓的"规模效应"，而巴西的温室气体排放主要是由于土地使用变化、农业和废弃物。贸易不是环境退化的关键因素（Yang，2012）。

表7—1　美国、欧盟和金砖四国的出口商品和国内生产总值的碳密集度

	出口商品的碳密集度（2005）	国内生产总值的碳密集度（2005）
欧盟27国	0.47	0.43
美国	0.72	0.53
中国	2.46	2.43
印度	2.67	1.78
巴西	1.05	0.5
俄罗斯	3.85	4.4

资料来源：Gros，Daniel and Egenhofer，Christian and Fujiwara，Noriko and Guerin，Selen Sarisoy and Georgiev，Anton，Climate Change and Trade：Taxing Carbon at the Border?（May 27，2010）. CEPS Paperbacks，2010. Available at SSRN：https：//ssrn. com/abstract=1618297.

其次，由于贸易碳排放形成的全球网络，金砖国家和其他新兴经济体等受到了发达国家在国际经济关系中施加的更多压力和制约。研究表明，在国际碳排放关系形成的网络中，发达经济体的点入度较高，金砖国家的点出度较高，发展中国家为发达国家承担了一部分的碳排放责任，网络中心度的提升即国家间经济联系和生产环节增多会推动碳排放增长。发达国家实现了"产品输入和碳输出"，而发展中国家则更多地表现为"产品输出和碳输入"。尤其中国通过加工贸易等途径与其他国家建立大量生产和碳排放联系，受到的影响较大（张同斌等，2019）。对于金砖国家来说，嵌入全球价值链中的一个代价就是会受到贸易隐含碳排放的影响，这从高碳产业的净出口消费指数就可得知。目前金砖国家的出口结构中高碳产业所占的比重都有一定的上升趋势。以矿物燃料、化学品及有关产品、机械和运输设备为代表的三大产业 1992 年在中国出口结构中的占比还仅为 28.22%，2011年就已经上升到了 45.71%；三大高碳产业在巴西的出口结构占比中变化不大，仅从 24.01% 上升到 27.39%；印度在同一时段三大高碳产业的占比则从 13.47% 上升至 28.50%。与此同时，俄罗斯和南非三大高碳产业占比在 2011 年分别达到了 65.89% 和 27.01%。[①] 嵌入全球价值链的程度既可以直接也可以间接影响到贸易隐含碳排放，其中主要路径是通过贸易规模间接影响到。发达国家占据全球价值链的"上游"环节，充分利用了创新、科技、资本等方面的优势，将高排放产业的生产工作外包给"下游"环节的国家（侯方森等，2018）。金砖国家在短期内无法实现在全球价值链中从"下游"到"上游"的转型，长期发展会受到贸易中的隐形碳排放的影响，在国际竞争中

---

① 数据来源于联合国贸易数据库。

十分不利。

最后值得强调的是，贸易碳排放的增加对金砖国家不利，但并不因此意味着开放贸易带来的负面影响会一直持续。一方面，生产的增加和能源消耗的增加会提高 CO_2 排放量；但另一方面，贸易开放程度在短期内会增加 CO_2 排放量，但从长期来看又会减少 CO_2 排放量。这是因为，对外贸易总量因为贸易开放提高，收入增加会促进对环境质量的需求提高。外贸增长也会带来更大规模的生产和更高层次的技术，相应解决对环境和发展的影响问题。但是，这也对金砖国家的政策制定和合作提出了更高的要求。

金砖国家中受到贸易碳排放影响最为明显的是中国。中国是金砖国家中乃至世界上最大的 CO_2 排放国。2012 年中国排放量已占全球排放量的 29%。由于大量出口制造产品，中国正成为发达国家的"污染避风港"。特别是资本密集型制造业，通常被认为是"肮脏的行业"。通过将制造业产品外包给中国，发达国家也将温室气体排放外包给中国（Yang，2005）。但是，中国的贸易碳排放问题也有其复杂性。目前的研究发现，在宏观层面上，出口中体现的较低排放量（与标准估算值相比）转化为了中国最终使用的较高排放量。这就引发了有关中国排放责任的讨论。在行业层面上，某些行业的排放量和出口的排放强度取决于所选择的模型。在考虑碳边境调节的政策影响时，这一点至关重要。在针对国际泄漏问题时，必须考虑到出口处理可能导致远低于平均排放的强度。区域分解模型和具有出口加工的模型都提供了关于出口所体现的排放源自哪些因素以及它们如何受政策影响的有价值信息。区域分类表明，大部分排放来自沿海省份，但大部分排放体现在出口上的最初来源则是非沿海省份燃煤造成的。出口加工模型显示，排放主要来自非加工出口。出口加工区主要位于沿海地区，因此更有可能被纳入排放交易计划。尽管许多货物是从试点地区出口的，但先进地区的约束性排放交易系统对抑制出口产生的排放量没有太大作用。此外，省际贸易的重要性表明，可以对非监管省份进行碳泄漏，抵消部分减排努力（Weitzel，Ma，2014）。由此可见，贸易碳排放会给一国的产业布局和治理方式造成直接影响，从而更长远地影响经济增长方式的转型。

贸易碳排放对金砖国家的合作同样带来了重要影响。第一，金砖国家在贸易碳排放问题上能够找到共同利益的交汇点，有利于开展更多国际合作。2007年，金砖国家的碳排放量就已达到104.8亿吨，接近经合组织成员国的132.3亿吨。金砖国家普遍存在生产技术偏低，能源结构以煤炭为主，经济增长方式主要依靠资源投入驱动的问题（王永中，2011）。类似的国情和发展中面对的问题让金砖国家在与碳排放相关问题上能够找到共同利益所在，在国际谈判中为新兴经济体和发展中国家争取到更大的权益。第二，金砖国家在发展碳减排技术和能源节约技术方面或有更多的合作机会。贸易碳排放已成为金砖国家都需要积极面对的问题。技术进步无疑是解决国际贸易中碳排放量较高问题的有效途径。金砖国家都将发展低碳经济作为转变经济增长方式的重要手段。金砖国家在发展绿色能源和技术上有很大的空间，通过增加科学技术领域的交流和合作，能够使几国一起在节能减排的技术进步和提高能源效率方面获得更大提升。第三，贸易碳排放也要求金砖国家更加注重开展新兴经济体之间合作的深度。金砖国家的内部贸易在金砖国家总的贸易额中占有重要地位。2014年，金砖国家内部的出口和进口总额为353104亿美元。根据国际贸易中心的数据，金砖国家对世界其他地区的出口总额为11.25万亿美元，进口总额为10.75万亿美元。金砖国家内部出口总额几乎占对世界出口总额的三分之一。中国是其他金砖国家的最大贸易伙伴，在金砖国家内部进口份额中占44%，出口份额中占45%。巴西是其他金砖国家的第二大合作伙伴。印度和南非在金砖国家内部贸易中的份额最小（Levent，2016）。如果将短期效应与金砖国家内部贸易开放的长期影响进行比较，可以看到金砖国家由于长期资本存量的增加而实际GDP增长较快。不幸的是，实际GDP的大幅增加导致碳排放量的增加取决于规模效应的强度（Levent，2016）。金砖国家可以以此为基础，共同商讨转变贸易结构、消费偏好以及投资方式的对策。贸易碳排放可以成为金砖国家寻求更广泛深入合作的契机。第四，贸易碳排放领域内的合作能够减轻金砖国家之间在能源等领域内的结构性竞争带来的内部压力。结构现实主义理论认为，金砖国家之间会由于同质性诉求而存在竞争。这是国际政治结构决定的、不可避免的态势。金砖国家对资源的需求量都很高，内生增长动力不足，依赖于国际市场。在全球价值链中相近的位置又使金砖国家之间难免展开激烈竞争。金砖国家在碳排放贸易问题上的合作或将有利于金砖各国在一定程度上协调贸易、投资、产业发展中的矛盾，有利于缓解内部压力。

◇ 第二节　测算贸易中内含的 CO_2 ——以中国的对外贸易为例[①]

中国贸易中 CO_2 排放量的量化分析对研究中国碳排放增长的原因

---

① 本节内容由 Matthias Weitzel，Tao Ma，"Emissions embodied in Chinese exports taking into account the special export structure of China"，Energy Economics，Vol. 45，2014，pp. 45 – 52 的主要内容翻译而成。

以及边境碳调节的计算都有重要意义。本节借助投入产出表数据，利用标准模型、区域分解模型（考虑到出口生产集中在更发达和排放效率更高的省份）、出口加工模型（考虑到中国近一半的出口大量依赖于进口中间产品，而国内附加值和排放量几乎没有增加）三个模型计算碳排放情况。

一 文献综述

中国在 2006 年成为世界上最大的 CO_2 排放国，2012 年中国的排放量已经占全球排放量的 29%（Olivier et al.，2013）。这些排放中有很大一部分与出口产品的生产有关，而中国的出口额占 GDP 的比重非常高。由于贸易增速超过总体 GDP 增速的驱动（Wei et al.，2011），中国出口导致碳排放量的绝对值以及与出口生产相关的碳排放在中国总碳排放中所占的比例都在上升（Peters et al.，2011；Weber et al.，2008；Zhang，2012）[①]。

中国出口的碳排放的量化研究开始于对谁应该为中国排放量的增加负责的讨论（Pan et al.，2008）。从中国的角度来看，这些增加的碳排放可以归因于外国消费，因此不应由中国（完全）负责。从发达国家的角度来看，这些增加的排放也可以看作是碳排放限制引起的碳泄漏造成的，比如边界碳调整等应对碳泄漏的措施可以集中关注贸易中的碳排放。关于相关碳排放的计算为这场政治讨论提供信息。

---

① Peters, G. P., Minx, J. C., Weber, C. L., & Edenhofer, O., "Growth in emission transfers via international trade from 1990 to 2008", *Proceedings of the national academy of sciences*, Vol. 108, No. 21, 2011, pp. 8903 – 8908.

中国出口的碳排放受制于单个国家的投入产出（Su and Ang，2010；Weber et al.，2008；Zhang，2012），双边贸易流量（Guo et al.，2010），多区域投入产出（如 MRIO）（Atkinson et al.，2011；Davis et al.，2011；Peters et al.，2011）。以往的研究往往认为，出口产品和内销产品的结构是相同的，实际上，中国的出口产品主要是在能源和排放效率较高的沿海省份生产的，且相当大一部分来自"出口加工贸易"，在这部分中国国内产值和碳排放都几乎不变。

无论在收入和生产效率方面，还是在出口占 GDP 的比重方面，中国的地区差异很大。中国的出口集中在较发达的省份，2007 年仅江苏、广东、上海和浙江等沿海省市的出口就占中国出口总额的69%（中国国家统计局，2009）。因此，出口的碳排放受到这些省份的经济结构的影响而这些省份的碳排放强度（每单位增加值的排放量）低于中国的平均水平。最近的研究发现，基于区域分解 IO 模型计算中国出口产品的碳排放低于标准模型（Guo et al.，2012；Su and Ang，2010）。然而，省际贸易在中国扮演着重要的角色，出口值占比高的省份是国内贸易的碳排放的净接受者（Feng et al.，2013；Guo et al.，2012；Su and Ang，2014）。本节一方面分析碳效率高的省份的出口集中度，另一方面分析省际贸易是如何相互抵消的。

中国出口产品中约有一半的出口生产是在"出口加工"前提下进行的，即规定在"海关特殊监管区域"进行生产，进口的中间投入品享受优惠待遇。因此，出口加工的特点是进口中间产品的比例高，中国附加值的比例就低（Koopman et al.，2008）。最近的研究发现，如果假设国内平均生产技术相同，出口加工部门的碳排放强度要低得多（Dietzenbacher et al.，2012；Su et al.，2013）。

本节将标准的 IO 模型扩展到计算出口的碳排放量（通过放松对

某一特定部门的所有产出均采用齐次生产函数的假设）。笔者对出口部门建立了不同的模型，并将其与标准模型计算的结果进行了比较：首先是对区域的分解，其次是对出口加工部门的特殊处理。对于分解模型，本节具体讨论了跨省贸易中的碳排放。为了保持一致的比较，本节在统一的数学框架下进行分析，再平衡分解后的 IO 表，使合并的 IO 表构成国家 IO 表。此外，本节所有的计算都基于 2007 年 IO 表对以前研究进行了更新。

中国进出口结构特点是进、出口占国内生产总值的比重都高。因此，出口产品生产所需进口中间投入的碳排放不容忽视。以前的研究经常使用中国国内的技术假设来计算这些排放量。然而，中国进口产品的排放强度低于其自身的产量，国家间效率的差异通常仅以简化的方式加以纠正。为了改善对这些排放的描述，本节将对中国 IO 模型的分析与基于 GTAP 数据的全球 MRIO 模型的数据相结合（Narayanan et al.，2012）。

比较这三种 IO 模型的主要目的是确定中国出口和国内最终消耗的碳排放估算值的差异程度。如果较复杂的模型相对于较简单的国家模型只有很小的变化，那么国家模型可以更好地在未来的分析中被应用。然而，更详细的模型还可以提供有价值的见解，以便更好地理解（在哪些省份）以及（出口加工与一般出口）出口中的碳排放是如何分布的。这可以为制定减排政策提供指导。

二　出口碳排放的计算（基于标准 IO 模型）

第一种方法，从生产端计算。标准的投入产出模型中，总产量 X 是中间产量 Z 和最终需求 Y 之和。

$$X = Z + Y = AX + Y = (I - A)^{-1}Y \tag{1}$$

生产消耗系数矩阵 A（每个元素是直接消耗系数 $a_{ij} = z_{ij}/x_j$），表示为了生产一单位 j 产品需消耗多少 i 产品，里昂惕夫逆矩阵 $(I - A)^{-1}$ 表示一单位最终产量的总生产需求。为了得到与 Y 的最终消耗相关的 CO_2 排放量 c，必须将 Y 的生产需求乘以环境系数向量 F（每个元素是 $f_i = c_i/x_i$），其中 c_i 为各 i 部门生产 x_i 的直接碳排放总量。

$$c = F'(I - A)^{-1}Y \tag{2}$$

考虑到最终需求向量 Y 是由国内需求和出口 E 构成的，可以通过如下公式计算与出口相关的碳排放量。

$$c^E = F'(I - A)^{-1}E \tag{3}$$

中国的投入产出表可以把技术需求的矩阵划分为国内产出和进口中间产品投入的技术两部分，把公式里面的 A 用 $A = A^D + A^M$ 代入，可以把公式（3）写成

$$c^E = F'(I - A^D)^{-1}E + F'(I - A)^{-1}A^M(I - A^D)^{-1}E \tag{4}$$

把进口商品的总排放强度 $F'(I - A)^{-1}$ 用 F^M 代入。公式右端的第一项表示出口中的国内排放部分。

$$c^{D.E} = F'(I - A^D)^{-1}E \tag{5}$$

公式右端第二项是表示用于出口生产所需的进口中间产品的碳排放部分。

$$c^{M.E} = F^M A^M(I - A^D)^{-1}E \tag{6}$$

第二种方法，从消费端计算。可以通过从中国的（与能源有关的）总排放量（$c_{prod} = \sum_i c^i$）中减去出口的排放量加上进口的总排放量（$c^M = F^{M'}M$）来计算与中国国内最终使用相关的排放量。

$$c^D_{cons} = c_{prod} + c^M - (c^{D.E} + c^{M.E}) \tag{7}$$

三　出口碳排放的计算（基于区域分解模型）

对于区域分解模型，使用上面相同的概念，但是现在矩阵 A^D 和向量 F 和 E 具有不同的维度。虽然标准模型的维度由部门数决定，但区域分解模型现在的维度是部门数 n 乘以区域数 m。笔者构造了一个多区域 IO 矩阵。

$$A^{D^{\cdot}} = \begin{pmatrix} A_1^D & \cdots & 0 \\ \vdots & \ddots & \vdots \\ 0 & \cdots & A_m^D \end{pmatrix}$$

在这个矩阵中，A_K^D 为第 k 个省的 $n \times n$ 使用矩阵。使用熵方法将数据中提供的区域流入总额分为来自国外的进口和来自其他省份的流入（Robinson et al.，2001），并且移除了 A_K^D 矩阵中的从外国进口部分，由此获得了这个矩阵 $A^{D^{\cdot}}$。

如果 $A^{D^{\cdot}}$ 直接用于 IO 分析，所有国内中间投入都来自该地区。合并省与省之间的贸易流动，在 $A^{D^{\cdot}}$ 矩阵左乘以变换矩阵，Chenery – Moses（空间权重矩阵）矩阵 T 结构如下。

$$T = \begin{pmatrix} T_{1,1} & \cdots & T_{1,m} \\ \vdots & \ddots & \vdots \\ T_{m,1} & \cdots & T_{m,m} \end{pmatrix}$$

对角子矩阵 $T_{r,s}$ 中的元素 $t_{i,r,s}$ 表示 s 区域商品 i 总使用量中来自 r 区域的商品 i 所占的份额。特别的是，这里 T 是单位矩阵，不存在跨省贸易。

中国出口的（国内）排放和进口排放的公式分别为：

$$c^{D.E} = F'(I - TA^{D^*})^{-1}E \qquad (8)$$

$$c^{M.E} = F^M A^M (I - TA^{D^*})^{-1}E \qquad (9)$$

向量 F^M 是把式（6）中的 F^M 进行 m 次叠加向量，即进口排放强度不受目标省份的影响。国家排放强度向量 F' 是根据省级能源数据计算的，如果按比例计算则总和等于国家排放的总和。

四　出口碳排放的计算（基于单独的出口加工贸易模型）

提高出口代表性的另一种方法是引进出口加工部门。作为区域分解方法，该方法也基于附加信息对全国 IO 表进行分解。这些附加信息来自中国海关数据，可以更好地分解出口生产中的进口产品和国内中间产品（以及附加值）。基础国家 IO 表的划分最早由 Koopman 等（2008）提出，用于确定中国出口产品的国内增加值份额，Dietzenbacher 等（2012）和 Su 等（2013）将其应用于环境 IO 建模。

将投入产出表分为（a）"一般贸易"生产部门 N，用于常规生产以满足中国国内对产品的需求 Y^D 以及外国对非加工出口产品 E^N 的需求；（b）用于加工出口产品 E^P 的 P 部门。这些出口加工部门没有生产任何作为中间投入或国内最终消费的产出，但正常生产部门 N 生产的货物可以作为出口加工部门（ A^{NP} ）的中间投入。因此，式（1）的模型可以更为复杂化：

$$\begin{bmatrix} X - E^P \\ E^P \end{bmatrix} = \begin{bmatrix} A^{NN} & A^{NP} \\ 0 & 0 \end{bmatrix} \begin{bmatrix} X - E^P \\ E^P \end{bmatrix} + \begin{bmatrix} Y + E^N \\ E^P \end{bmatrix} \qquad (10)$$

其中 A^{NN} 是部门 N 生产并且使用的中间产品，求解出输出向量的模型：

$$\begin{bmatrix} X - E^P \\ E^P \end{bmatrix} = \begin{bmatrix} I - A^{NN} & - A^{NP} \\ 0 & I \end{bmatrix}^{-1} \begin{bmatrix} Y^D + E^N \\ E^P \end{bmatrix} =$$

$$\begin{bmatrix} (I - A^{NN})^{-1} & (I - A^{NN})^{-1} A^{NP} \\ 0 & I \end{bmatrix} \begin{bmatrix} Y^D + E^N \\ E^P \end{bmatrix} \qquad (11)$$

普通部门 N 的生产需求是：

$$X - E^P = (I - A^{NN})^{-1} (Y^D + E^N) + (I - A^{NN})^{-1} A^{NP} E^P \qquad (12)$$

左乘环境强度向量 F^N，去除国内需求 Y^D，加上出口加工部门的直接排放（$F^P E^P$），得到一个类似于式（3）的方程，该方程表述了与出口产品相关的中国排放：

$$c^{D.E} = F^N (I - A^{NN})^{-1} E^N + F^N (I - A^{NN})^{-1} A^{NP} E^P + F^P E^P \qquad (13)$$

式（13）右边第一项是常规（出口）生产部门的国内排放。第二项是出口加工部门的间接排放，包括进入出口加工部门的国内中间产品。第三项是出口加工部门的直接排放。

为了计算出口的碳排放中与进口相关的部分，此处利用的事实是，不是供最终消费的所有进口都必须进入一般贸易国内部门或出口加工部门的中间生产。

$$M - Y^M = A^{MN}(X - E^P) + A^{MP} E^P \qquad (14)$$

用式（12）代替 $X - E^P$，再去除国内需求，可以计算出口生产的进口需求。

$$M^E = A^{MN}[(I - A^{NN})^{-1} E^N + (I - A^{NN})^{-1} A^{NP} E^P] + A^{MP} E^P \qquad (15)$$

在式（15）左乘进口商品 F^M 的环境强度向量，就可以计算出中国出口产品中所需进口中间产品相关的排放。

$$c^{M.E} = F^M (I - A^{NN})^{-1} E^N + F^M (I - A^{NN})^{-1} A^{NP} E^P + F^M A^{MP} E^P$$

$$(16)$$

第一项是与常规生产部门出口相关的排放，第二和第三项分别是出口加工部门进口的间接和直接排放。

五　计算结果分析

把中国 2007 年的数据代入理论模型，模型放松了国内和出口部门同质性的假设，在投入产出表数据的基础上，分别从省级投入产出表、能源消耗数据、区域分解模型中国际贸易和省间贸易的信息，或关于出口加工贸易模式的海关数据中补充了其他信息。所有分解的模型都经过校准，合并所有分解模型就会得到一个国家IO 表。

在所有模型中，直接排放总量（包括住宅使用）为 5767 吨 CO_2，进口的排放量为 301 吨。计算出的进口的排放量远低于同类研究的计算结果，这是因为其他同类研究的碳排放强度不是利用中国生产技术数据计算的，而是使用基于 GTAP 数据集的 MRIO 模型得到的排放强度。

表 7—2 展示了出口和进口的排放量以及与中国最终使用有关的排放量。在基于国家 IO 表的标准 IO 模型中，出口的国内碳排放为 1782 吨，约 31% 的国内排放来自于出口产品的生产。进口中有 97 吨的碳排放来自再出口，约占进口产品总排放量的三分之一。类似的份额是由于假定进口在所有使用类别中都是成比例的。因此，中国净出口的碳排放是 1674 吨。在直接生产排放的基础上加上进口排放减去出口排放，就得到了体现在中国最终需求中的碳排放 4190 吨。

表 7—2　　　　　　　　　中国贸易和消费的碳排放　　　　　　单位：Mt CO_2

模型	中国出口的国内排放 A	中国出口所需进口的排放 B	出口总排放 C = A + B	国内总需求的国内排放 D	不用于出口生产的进口的排放 E	国内总需求的总排放 F = D + E
标准 IO 模型	1782	97	1879	3985	205	4190
区域分解模型（不含跨省贸易）	1525	105	1631	4242	196	4437
区域分解模型（含跨省贸易）	1732	9 6	1828	4035	206	4240
出口加工部门模型（N + P）	1264 + 366 = 1630	34 + 119 = 153	1298 + 485 = 1783	4137	149	4286

数据来源：根据计算得到。

　　在没有区域间贸易（跨省贸易）的区域模型中，出口的排放量比国家模型低 248 吨。该模型考虑到我国出口产品主要集中在排放强度较低的沿海地区。如图 7—4 所示，广州（19）、江苏（10）和浙江（11）分别占中国出口口岸排放总量的 31%、17% 和 11%，它们都是出口产品排放强度最低的省份。这导致区域分解模型的平均排放强度低于国家模型。区域分解模型和国家模型都表明，出口的排放强度低于由出口部门组成的国内生产总值的排放强度。在没有区域间贸易的区域模型中，与出口生产所需的进口中间产品有关的排放量略高于国家模型，因为出口密集的省份也是进口份额较高的省份。与国家模型相比，出口产品在国内的排放量低了 14%，而最终使用产品在国内的排放量高了 6%。

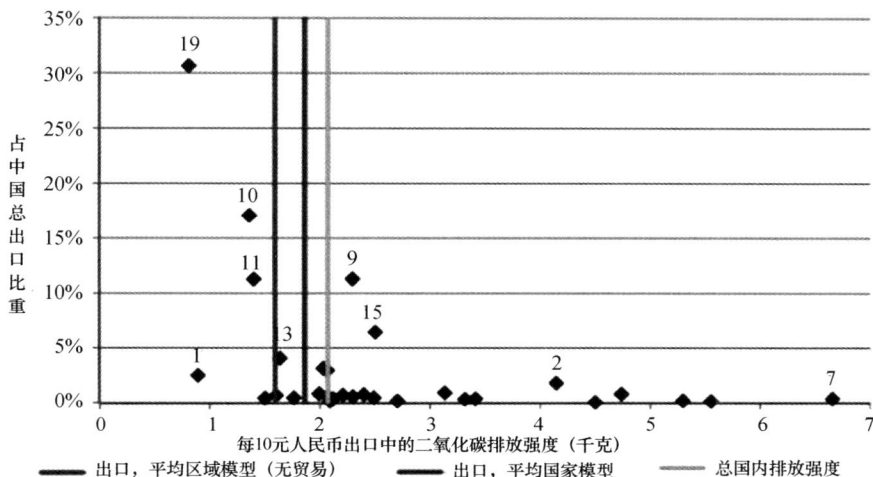

图7—4 不同省份的排放强度和出口强度

考虑省际贸易，区域分解模型和国家标准模型之间的差异在很大程度上就消失了。出口密集省份从其他省份进口的中间产品占相当大的份额，而这些省份的排放强度较低，出口省份的总排放强度增加。总的来说各省之间的排放强度是趋同的。国家模型有一个比例假设，因此对于每个省份来说，中间产品所使用进口产品的份额等于其他最终需求的份额。

仔细研究区域模型，可以分析不同省份的排放量。排放要么归因于它们在生产链中的被添加的位置（即排放到大气中的位置），要么归因于最终出口产品的生产地。在没有省际贸易的情况下，这两种计算都产生相同的省级排放。可以看出，出口最多的省份上海（9）、江苏（10）、浙江（11）和广东（19）的排放量占出口总排放的大部分。西部省份（20—30）在中国出口的排放中占比小。然而，不同的情景之间存在着巨大的差异。当把最终出口产品组装的地方的碳排放也计入排放时，顶级出口商的排放最高，因为价值链上的所有排放都计入最终生产步骤。然而，如果将碳排放按照他们排放到大气中的阶段计入，情况发生了变化，主要出口省份的排放量有所下降。提供能源密集型中间产品（如电力或钢铁）的省份，出口的排放量占比较高。这对出口很少的内蒙古来说是显而易见的，但它的一些能源密集型生产也是用于出口。在没有跨省贸易的情况下，出口的排放量通常位于有贸易的情况下其他两个报告的排放量之间。山东（15）也是出口排放最高的省份之一，但不同核算方法之间并没有显示出这种差异。因为山东的排放量相对稳定，它的排放强度高于其他主要出口省份，而且用于出口生产的中间投入流入较少。

区域间贸易矩阵 T 基于一个简单的引力模型。由于缺乏准确的数据，在这个模型中，笔者没有在校准中区分初始化贸易流的部门。由于这是一个大胆的假设，笔者进行了两次稳健性检验。首先，排除了服务业（第 28—42 行业）的贸易依赖于距离的假设，只使用省份GDP 作为贸易流量的预测指标。有了这一规范，各部门的贸易系数 $t_{i,r,s}$ 发生了变化，但对出口碳排放的影响几乎没有变化（出口的总排放量增加到 1733 吨）。这是因为服务业的碳排放量非常少，而且一些服务业的贸易份额相对较低——因此，这些服务投入来自哪里并不重要。其次，替换了对电力贸易流量的估计，并以电网内（而非省内）的电力为均质商品的方式建立了贸易矩阵 T。将 30 个省改为 7 个区域电网，每个省在一个给定的电网中使用的电力与各自电网的平均排放强度相同。这导致了更明显的变化。这并不奇怪，因为电力是跨省贸易中碳排放的一个重要渠道（Lindner et al.，2013）。出口的总排放量增加到 1827 吨，甚至超过了标准模型的数值。额外的排放来自碳密集型电力行业的省份，这些省份与出口省份位于同一电网，如山西（4）、内蒙古（5）、安徽（12）或贵州（24）。然而，由于电力贸易流动可能被夸大，导致出口碳排放被夸大。因此，区域间贸易矩阵的选择可能对出口碳排放量估计产生至关重要的影响。这也证实了 Su 和 Ang（2010）的发现，向较少区域的空间聚集增加了出口所占排放量的份额。原因之一是将更多的排放密集省份与出口省份放在一起，使得出口的平均排放强度上升。

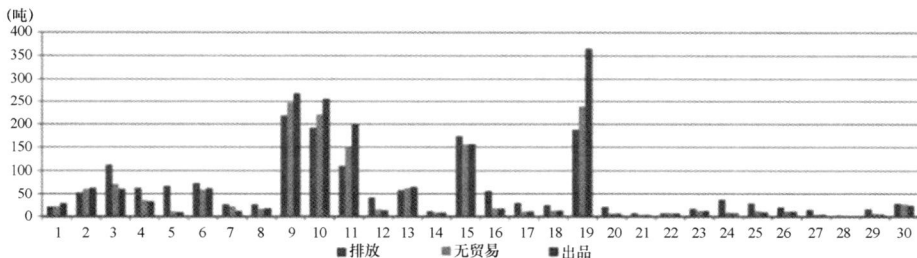

图7—5 各省份内涵在出口中的国内碳排放

再看单独出口加工部门的模型，出口碳排放为 1783 吨，低于国家模型和考虑跨省贸易的区域分解模型的计算结果。作为出口加工部门投入的进口份额高于其他模型，导致出口生产的进口所体现的排放量更高（153 吨）。虽然出口加工部门占出口总值的 42%，但在所有出口产品中只占国内排放的 22%。由于进口作为出口加工的中间投入的比例较高，国内部门中进口中间产品较少。这导致国内部门的排放强度更高，常规部门的出口碳排放是 1264 吨。由于出口贸易的排放量低于国家和跨省贸易的区域分解模型，因此中国最终消费的排放量较高。

出口的碳排放可以按照式（13）和式（16）分解，图7—6 给出了不同部门的分解。出口加工增加的直接排放非常小（34 吨），加工部门出口所产生的排放大部分来自国内部门生产的中间产品。在电子行业（第 19 行业），89% 的出口来自加工行业。由于出口加工部门使用了许多进口产品，因此该部门进口产品的排放量相对较高，以致国内排放量相对较低。

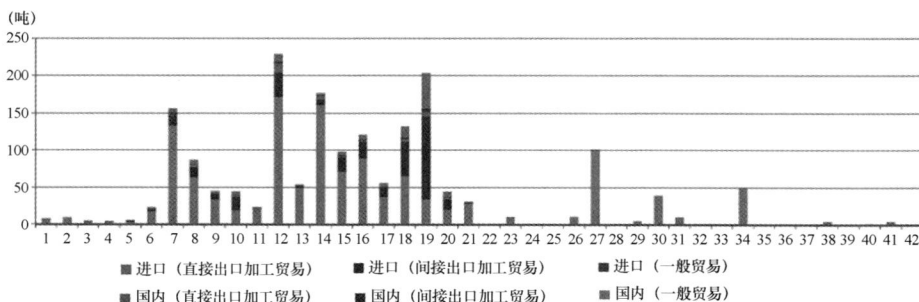

图7—6 考虑加工贸易的部门出口中的碳排放

比较不同模型的部门排放量，可以看出不同模型之间的差异出现在哪些部门。从图7—6 可以看出，不同 IO 模型的行业之间并没有明显的排名。与国家模型相比，区域分解模型显示化学品（12）、金属（14）、机械（16）和电气设备和机械（18）部门的排放量较低，但19 和 27 部门的排放量较高。交通运输业的高排放（27）是由于该行业的出口活动集中在上海，上海的排放强度高于全国平均水平，因此该行业的排放量较高。对于电子行业（19）来说，由于出口产品在不同省份之间的分布更广，实际排放量也更高，因此很难找到一个驱动因素。出口加工模型在出口加工比重高的部门，如化学品（12）、电力设备和机械（18）和电子（19）的排放量较低。这些部门几乎没有增加值和能源增加，因此出口的排放量较低。即使考虑到进口中间产品的排放量，电子产品（19）部门的总排放量仍然低于其他模型（国内）的排放量。因此，国家和该部门特别是区域模型忽视了电子部门出口加工的高份额，而是假定出口生产在排放相对密集的省份。

与以往的文献相比，本书对标准模型中出口的排放量的计算结果与其他估算值是一致的。最近几项研究报告了 2007 年中国贸易的排放量：Zhang（2012）、Yan 和 Yang（2010）分别报告了 1751 吨和 1725 吨。这非常接近本书的估计 1782 吨。Chen 和 Zhang（2010）估计是 2021 吨，他们的估计包括了工业加工部门的排放，而其他研究（包括本书的）只报告与能源相关的 CO_2 排放。根据中国或外国技术的假设，对进口排放的估计差异要大得多。

Su 和 Ang（2010）将区域分解模型与国家模型进行了比较，他们发现在区域分解模型中 1997 年出口占据国内排放的 16.4%，低于国家模型估计的 19.0%。当本书从国家模式转向区域分解模式时，出口的排放量占比下降（从 30.8% 下降到 30.0%）。贸易总额的总体增长表明，中国贸易的重要性与日俱增。不同模型中估算值之间差异的减小可能是由于省际贸易的增加（Feng et al.，2013），与 1997 年相比，现在非沿海省份的能源出口所占比例更高。Guo 等（2012）发现，2002 年出口排放为 688 吨，占比 20.3% 的国内排放。Feng 等（2013）的区域分解模型与本书的模型最为接近，但他们更关注国内流动的碳排放，而没有报告出口中的排放。但他们证实了本书其中一个发现，即来自非沿海省份的排放对出口生产中的排放起着重要作用。

对于出口加工特殊处理的模型，本书提供了 1997 年（Su et al.，2013）或 2002 年（Dietzenbacher et al.，2012）研究数据的更新。Su 等（2013）估计出口占国内排放的 12.6%（其中出口加工占 1.5 个百分点），低于标准模型中的 18.4%。Dietzenbacher 等（2012）也报告了出口占国内排放的 12.6%（其中出口加工占 2.1%），低于标准模型的 20.3%。本书估计在出口加工模型中的出口的国内排放占据

28.3%，其中出口加工占 6.3%。这些数字更高，可以用 2002 年至 2007 年出口加工内外贸易量的强劲增长来解释（参见 Su et al.，2013）。特别是，中国 IO 表的统计方法有所改变，2007 年版本的数据减去了作为出口加工部门中间输入的进口货物。在本书的出口加工模型中通过重新加总这些货物来纠正。因此，本书中的标准模型与出口加工部门模型之间的差异与早期研究相比较小，也可能是由于标准模型的基础数据得到了改进。然而，出口加工模型和标准模型之间的差异仍然存在。这是因为造成这种差异的主要原因没有反映在标准 IO 模型中，出口加工部门的具体生产结构（进口与国内生产的中间产品）没有被考虑进去。

六　主要结论

笔者对中国出口产品的排放进行 IO 分析（放松出口部门和国内部门同质生产的假设）发现：

（1）标准模型很可能夸大了中国出口所包含的国内碳排放，因为这没有考虑到中国出口的很大一部分是加工贸易，其增加的排放很少，而且许多出口是在排放强度低于平均水平的省份生产的。

（2）对于区域模型而言，省际贸易流动很重要：它们部分抵消了出口密集型省份较低的排放强度，因为出口密集型省份使用的是排放密集型省份生产的中间产品。这也将使得出口增加的碳排放的区域分布从沿海省份转移出去，特别是当电力使用是基于区域电网的平均排放强度时，这种影响尤其强烈。

（3）对于出口加工的模型，出口碳排放的更大比例来自进口中间产品，因此国内中间产品增加的比例更低，这将导致出口所体现的国内排放降低。

（4）使用全球 MRIO 模型时，进口产品的排放量相对较低。在不同的 IO 模型中，再出口产品的进口碳排放所占的比例是不同的。标准和区域模型假定进口在总使用量中是成比例使用的，出口加工模型考虑到进口用于出口加工，而（能源密集型）进口的较高份额用于出口商品的生产。

这些调查结果在宏观和部门层面上都与政策有关。从宏观上看，出口产品的低排放（与标准估计相比）意味着中国最终使用产品的高排放。这为有关中国排放责任的讨论提供了依据。从部门角度看，某些部门的碳排放以及因出口的排放强度取决于所选择的模型。在考虑边境碳调节的政策效果时，这一点至关重要。在针对国际泄漏问题时，必须考虑到出口加工可能导致比平均排放强度低得多的排放强度。

本书的研究结果也可以为分析中国目前主要在经济较为发达的省市推行六项排放交易试点制度的政策提供参考。区域分解模型和带有出口加工部门的出口模型都提供了关于出口中的碳排放来自何处以及它们可能如何受到政策影响的信息。区域分解模型表明，碳排放的绝大部分来自沿海省份，出口的碳排放很大一部分最开始来自非沿海省份的煤燃烧。出口加工贸易模型表明，排放主要来自非加工出口。出口加工区主要位于沿海地区，因此更有可能被纳入排放交易计划。因此，发达地区有约束力的排放交易体系对抑制出口所体现的排放作用不大，尽管许多商品都是从试点地区出口的。此外，跨省贸易的重要性在于，碳泄漏可能会发生在不受监管的省份，抵消部分减排努力。

考虑到省际的贸易额较高，中国未来的政策应采取综合措施，而不是特别地减少出口产品生产的排放。这种更广泛的做法可以减少煤炭在能源结构中所占的份额或增加在节能减排技术方面的研发投资。本书的研究结果表明，出口中的碳排放并不是沿海地区特有的现象，因此，中国政府也可以促进区域间的产业转移，以实现非沿海省份排放强度的降低。这也将考虑到区域间的公平，并作为实现均衡发展的一种手段。计划将来扩大排放交易计划的区域范围，可以成为以低成本减少排放和防止各省之间泄漏的一项适当政策。

本书的主要目的是确定中国数据下更复杂的 IO 模型与标准模型之间的差异。本书的结果在总体和分类层面上都是相关的，今后的工作可以导致对所观察到的结果进行更深入的了解。分析年度变化的分解有助于理解排放增长的驱动因素，并提供更有针对性的政策建议，特别是 2002 年现有文献中区域分解模型和出口处理模型的差异相对较大。

对本主题进行进一步研究的局限在于隐含数据的不确定性，国家和地区 IO 表或能源数据之间的不一致（参见 Guan et al.，2012）。这需要平衡 IO 表或者向数据添加噪声来匹配国家值。在本书中，笔者也只能将区域分解和出口加工模型的结果与标准模型的结果进行比较。由于出口加工主要集中在排放强度较低的省份，可以预见，如果考虑以上两个弊端，相同的模型可以得到不同的结果。

第 八 章

从低碳经济到全球气候变化下的绿色增长

2008 年爆发的国际金融危机为各国追求绿色增长（Green Growth）提供了契机。在绿色发展的理念下，所有旨在推动强劲、可持续和平衡增长的措施均应予以优先考虑，包括短期稳定政策和长期结构性改革措施。各国也纷纷高度重视实现绿色增长的具体议程。2012 年，绿色增长被作为一项横向议题，在 G20 框架下进行全面讨论。当然，G20 框架有助于推动各国迈向经济增长与环境和谐发展的新模式。[①] 于是，全球经济治理下的增长模式需要着重考虑环境和经济结构，以此寻求经济的可持续发展。

◇ 第一节　低碳经济下绿色增长议题的起源

以往的经济增长模式对环境维护的不可持续性受到全球越来越多的关注。各国对未来可能发生气候危机的意识日益提高，这使得人类再也无法将环境与经济分开考虑。与此同时，金融危机为实施和鼓励在环境和社会可持续发展基础上，复苏经济增长提供了机遇，也为绿

---

① "Concept Paper on Green Growth", *A Report of G20*, March, 2012.

色增长提供了条件。环境的可持续发展，需要政策制定者具有战略眼光，以确保在危机过去之后，政府能从经济效益、环境完整性和社会公平的角度实施最为恰当的政策。

在此背景下，2009 年 6 月，三十四国部长签订绿色增长宣言，宣布把加强绿色增长策略作为应对危机的手段，携手共同实现绿色增长。这些国家同意授权经济合作与发展组织（OECD）拟定绿色增长战略，提出一个融经济、环境、社会、技术和发展于一体的全面综合框架。OECD（2011）给出的绿色增长的含义是：在促进增长与发展的同时，确保自然资产（Natural Assets）能不断提供人类福祉不可或缺的资源和环境服务。为此，各国必须促进能扶持可持续增长以及经济发展的投资和创新活动。此外，联合国环境署（2011）也提出了与绿色增长相近的"绿色经济"的概念，即"绿色经济旨在增进人类和社会的公平，降低环境风险和生态稀缺性，实现低碳、资源有效利用和社会包容的发展目标"。在 G20 国家中，韩国、欧盟最早提出并实施了绿色增长政策，然后此政策扩展到 OECD 其他国家。

绿色增长，作为一种追求经济增长和可持续发展，同时又防止环境恶化、生物多样性丧失和不可持续地利用自然资源的新发展模式，正在日益获得各国的支持。绿色增长旨在确保更清洁的增长来源，包括发展新的绿色产业、就业岗位和技术，同时管理好向绿色经济转变所带来的各种结构性变革。实施结构改革后，传统部门需要解决因此所产生的就业和其他分配方面的问题。这就需要采用新指标、新数据来衡量绿色增长的进展情况，其中还涉及环境质量、自然资源稀缺性以及社会福利和生活质量等层面。

因此，实施绿色增长政策必然会触及产业的结构性改革。因为绿色增长以培育环境可持续发展、低碳和社会包容发展为目标，这些也被视为产业发展和结构变革的管理战略。于是，必须将绿色增长政策纳入协调一致的结构改革战略，这种变革涵盖整个经济以及产业层面的需求与供给。绿色增长战略下的结构性改革不仅仅是一项短期应对危机的措施，也是促进生产率提高和消费结构更趋合理的动力。

◇第二节　中国绿色增长与结构改革的利益共同点[①]

绿色增长也是中国获得可持续发展的必然选择。它既是中国保持经济平稳、较快增长，实现可持续发展的必然要求，也是当今世界发展的主流趋势。从改革开放四十年的发展历程看，我国再也不能以粗放型、高能耗型方式换取高速增长。此外，在全球应对气候变化的大环境下，中国作为负责任的国家，也一直履行着"共同但有区别的责任"。

中国"十二五"规划（2011—2015 年）中的"绿色发展"部分，反映了中国迈向更加绿色经济的愿望。"绿色发展"主题已确定了六大战略支柱领域，包括气候变化、资源节约和管理、循环经济、环境保护、生态保护和恢复、涵养水源和自然灾害的预防。[②] 基于上述发展理念，中国对绿色增长的定义是保持环境友好的经济增长，其

[①]　以下两节内容出自马涛《全球治理下的绿色增长和结构改革及中国的对策》，《国际经济合作》2014 年第 4 期，第 29—31 页的主要内容。

[②]　*Incorporating Green Growth and Sustainable Development Policies into Structural Reform Agendas*，A Report by the OECD，World Bank and United Nations prepared for the G20 Summit（LOS CABOS，18 – 19 June 2012）．

核心就是节能减排。中国从 2006 年开始实施的节能减排政策作为实现经济发展和保护环境双赢的有效途径，不仅是我国自身可持续发展的内在要求，也是减缓全球气候变化的必要手段。中国的节能减排政策是通过降低生产过程中的单位生产总值能耗、单位增加值用水量以及污染物排放总量等，对环境可持续发展提供可靠保证。

在中国，绿色增长一方面强调了要实现节能减排的上述目标，更重要的一方面在于培育和大力发展绿色、环保产业，以此推动经济和环境的可持续发展。在实现绿色增长的前提下进行经济结构和产业结构转型，可以称其为"绿色转型"。绿色转型是经济发展方式转变的核心内容，是其重要抓手。从三个产业的结构调整和绿色增长的关系看，中国第一产业的绿色增长是经济方式转变的重要保障；第二产业的绿色增长是经济方式转变的重要领域；第三产业的绿色增长是转变经济发展方式的未来方向。

实现中国绿色增长的重中之重在于第二产业的节能减排问题，由于第二产业是中国碳排放的主要来源，而第二产业又以工业为能源的消耗主体。随着经济的快速发展，中国工业领域的碳排放总量在不断提高，但是大量的实证研究结果表明，中国多数行业的碳排放强度（单位增加值的碳排放量）在降低。因此，在工业领域，要不断打造新的低碳产业链，使国民经济的产业结构逐步趋向低碳经济的标准；大力发展新型低碳产业，使经济发展模式由传统模式逐步向低碳经济转型，这也是中国产业转型的长期发展方向；努力研发低碳技术，就要加大节能减排研发投入的力度，引进清洁生产机制，优先开发新型高效的低碳技术。

对于实现未来绿色增长转型而言，应以公共服务的发展带动绿色转型，也就是要大力发展中国的第三产业。中国实现绿色增长的关键在于政府职能的转型，即实现地方政府由 GDP 增长为考核重点向以公共服务为核心转型，加强各级政府在绿色增长中的公共职责。所以，中国实现绿色增长的结构转型重点在于推进以公共服务为核心的政府职能和结构调整，不断释放老百姓对教育、医疗卫生、文化等公共服务的消费，以此扩大服务业的总量，提升服务业的发展空间，加快推进绿色转型。

◇ 第三节　绿色增长对中国经贸发展可能产生的影响及建议

近些年来，全球范围内的非关税措施不断涌现，这些非关税措施包括原产地规则、与贸易相关的技术壁垒（TBT）、卫生与检疫措施（SPS）以及政府采购和碳标签（Carbon Labels），等等。上述政策可能会追加绿色商品和服务的价格，对出口商和本国消费者不利。如果绿色增长政策被保护主义者利益集团掌控，其很可能会通过隐形的非关税壁垒形成"绿色保护主义"，这样就使得环境政策对贸易和投资产生不利影响。

绿色增长对中国经济的影响更多体现在对外贸易、投资发展上。发展低碳经济是应对全球气候变化的有效手段，但是如果一些国家巧立名目，利用各种措施限制别国发展，发展低碳经济将变成掩人耳目的保护主义。如美国、欧洲等以发展低碳经济为名，拟推行边界调节税或者碳关税，就是名副其实的贸易保护政策。应该用发展的眼光看中国的经贸发展问题，大量的加工贸易品在国内生产必然会增加在中国境内的碳排放量，但垂直分工体系下，一件最终产品的生产往往包括大量国外生产的零配件。马涛（2012）对中国出口贸易中的内含 CO_2 排放测算结果表明，中国出口品的国内碳排放并非想象中的那么高，其中内涵了大量进口品的碳排放。若发达国家以碳关税扰乱国际贸易秩序，在理论上是行不通的。同样，我国也不会以发展绿色经济为由而抬高其他国家出口产品进入中国的门槛（附加一些绿色壁垒），在 WTO 框架下履行双边或者多边贸易规则，营造良好的国际贸易秩序。

在直接投资方面，现在中国越来越多的企业"走出去"对海外企业进行跨国并购或者在国外实施绿地投资。在国际投资协定（IIAs）的框架下，应防止一些国家附带一定的诸如非关税措施限制投资，对双边经贸的发展造成不良影响。大力发展绿色增长的意图不应是削弱发展中国家的国际竞争优势，给这些国家埋下"发展陷阱"，而是要提升经济增长的质量和效率。发展绿色增长也不应为设置更多隐形壁垒而提供一些政策环境，这样新的贸易战、投资保护主义将大肆抬头。

低碳经济背景下推进绿色增长对中国发展的建议：首先，最需要明确的是中国更需要绿色经济。那么，寻求绿色发展的基本前提就是要真正转变传统的增长方式，实现高质量的增长。在实现绿色增长的过程中，积极促进我国经济、贸易结构转型，加快工业生产的节能减排进程，促进服务业中一些新兴战略产业的发展。要真正实现绿色增长，必须在科技创新上下功夫。要真正实现节能减排，需要解决很多技术问题，必须不断培育科技创新的外部环境。从国家层面上，西方国家可能利用绿色增长要求，制定新的贸易、投资规定，目的不是单纯为了绿色增长，而是对特定国家的贸易、投资予以限制。我国需要通过自己的实践和努力，积极参与国际规则的制定，以维护国家利益。

绿色增长战略的实现意味着传统生产与经济增长方式的质的转变，这一战略目标的实现途径与方式还需要在实践中不断摸索。目前，世界范围内还没有完全实现绿色增长的国家，但是仍有一些国家的实践走在我国前面。中国要多借鉴一些其他国家的绿色经济发展经验，结合国情，予以创造性利用。中国有信心在不远的将来实现绿色经济发展的目标，走出有中国特色的绿色增长道路。

其次，在2009年12月的哥本哈根气候会议上，中国承诺到2020年时，单位国内生产总值CO_2排放量要比2005年下降40%—45%。2012年11月，中共十八大提出要大力推进生态文明建设，扭转生态环境恶化趋势，并把"生态"作为"五位一体"总体布局的一部分，指导中国发展。2014年11月，APEC会议和二十国集团领导人第九次峰会的召开，习近平主席宣布中方计划在2030年前后达到CO_2排放峰值。2016年9月，G20峰会期间中美一同批准提交《巴黎协定》，共同应对全球性问题。2017年12月，国家发展改革委印发《全国碳排放权交易市场建设方案（发电行业）》通知，在通知中强调要建立全国碳排放权交易市场，这既是利用市场机制控制温室气体排放的重大举措，也是深化生态文明体制改革的迫切需要，有利于降低全社会减排成本和推动经济向绿色低碳转型升级。在这种环境下，低碳经济已成为未来经济发展模式的一种必然趋势，因此研究碳排放成为国家经济发展的必然要求。在碳市场高速发展的背景之下，碳资产评估的业务将会日益被市场需要。因此，该怎样科学合理地对碳资产的价值进行估算也就显得格外重要了。

目前，在全球范围内，一共有19个碳排放交易市场，这些碳市场将负责进行超过70亿吨的温室气体排放权交易，这其中比较成熟的是欧洲碳排放交易体系，其碳产品交易量和交易额一直占全球总量的 3/4 以上，现在中国碳排放配额也主要参考欧盟的分配方法。欧盟制定了《欧盟责任分担协议》，规定了每个成员国具体的减排任务和目标，成员国的政府以此为基础而制定《国家分配计划》，把国家配额总量按照标准分配给国内各个相关企业，然后再进一步分配，分配到可交易部门的每一个排放实体；得到配额的排放实体可以根据自己的排放情况，将多余部分在交易市场上转让出售，或者申请注销。在分配配额时，第一部分是免费分配的，是考虑到减排目标和企业的实际排放需求设定的；第二部分是通过拍卖等方式提供给企业。因此，研究碳排放权的评估价值以及如何评估碳资产的价值就成为企业购买排放配额时需要参考的重要事项。

所以，研究碳资产价值的评估方法是在低碳经济背景下的必经之路，不仅是为了充实资产评估理论的研究内容，而且还有助于规范中国碳资产交易的行为以及评估实务操作的实施，有利于冲破眼前我国关于碳资产评估的研究困境，使碳资产市场更加活跃，同时也为将来国际的碳资产交易打下良好基础。

第九章

低碳经济下金砖国家增长模式及博弈合作

近些年来，金砖国家在全球经济体中的重要性不断上升。截至2018年，金砖国家的名义 GDP 总额为 18.6 万亿美元，约占世界总产值的 23.2%；如果按购买力平价计算，合计 GDP 约为 40.55 万亿美元，占世界 GDP 的 32%，合并外汇储备约为 4.46 万亿美元。[①] 巴西、印度、俄罗斯、南非与中国作为金砖国家的成员，都是人口和资源大国，在国情等方面具有一定的相似性。

◇ 第一节　从传统路径到低碳经济下
金砖国家经济增长模式

一　金砖国家经济增长的主要来源

巴西主要靠内需来带动经济发展，对 GDP 贡献最高的是消费需

---

① IMF, World Economic Outlook , https: //www. imf. org/external/pubs/ft/weo/ 2013/01/weodata/weorept. aspx？pr. x = 91&pr. y = 5&sy = 2011&ey = 2018&scsm = 1&ssd = 1&sort = country&ds = . &br = 1&c = 223% 2C924% 2C922% 2C199% 2C534&s = NGDPD% 2CNGDPDPC% 2CPPPGDP% 2CPPPPC&grp = 0&a = , March 13, 2019.

求，大约占了八成，而外需（即净出口）对经济的贡献却非常少，只占2%—3%甚至更低，在有的年份还会出现为负增长的情况。和其他国家相比，巴西的投资占比一直较低，不到20%。

对于俄罗斯的经济增长有三种不同观点。第一种观点认为由于全球能源价格走高，俄罗斯靠能源出口拉动了其经济增长。这种观点支持者较多，学术界也有一定认可。第二个观点认为普京的个人原因对推动经济增长发挥重要作用，普京代表的"强人政治"和经济战略的调整助推了俄罗斯的发展。第三种观点则认为是俄罗斯的制度改革使宏观经济环境得到了整体性的改变。

印度人口平均年龄较低，当前人口红利大，也是有助于经济腾飞的要素之一。印度庞大的富有潜力的市场为印度经济发展提供了重要的基础。印度农业和第三产业是拉动经济发展的主要产业。尤其是在农业领域，印度耕地面积比重大，不仅养活了众多人口，还实现了对外出口。印度的服务业、信息产业近年来也持续增长，提升了印度的全球竞争力。

中国人口众多，土地面积辽阔，资源丰富，目前已经进入中速而又高质量的发展阶段。房地产投资、基础设施投资、出口等是中国过去经济高增长的主要来源，对稳定经济存量颇为重要。中国是农业大国，对第一产业向来十分重视。同时，中国经济的发展离不开强大的工业体系，中国正在力争迈入制造强国行列。中国的第三产业也发展迅速，今后有潜力迎来爆发式增长。

南非的四大经济支柱是矿业、制造业、农业和服务业。制造业、建筑业、能源业和矿业是南非工业四大部门。南非能源工业基础雄厚，技术较先进。电力工业较发达，发电量占全非洲的2/3，其中约92%为火力发电。矿业历史悠久，具有完备的现代矿业体系和先进的开采冶炼技术，是南非经济的支柱之一。南非是世界上重要的黄金、铂族金属和铬生产国和出口国，钻石产量约占世界的9%。

现在全世界人口仍在增加，但是全球经济增长却仍然面临困境，同时在追求经济增长的过程中自然环境遭到严重破坏，由于温室效应引起的全球气候变暖就是恶果之一。为了防止环境进一步恶化、保护生态环境，各国应大力倡导低碳生活、低碳经济等理念，总的来说就是降低碳的排放量。实现低碳经济，可能会对现在的经济结构造成重要影响，也就是说会改变现在的传统经济模式，进入低碳经济模式，真正实现可持续发展。

二　金砖国家从传统路径到低碳经济的发展模式

经济增长模式，顾名思义指的是 GDP 的增长方式，也可以理解为社会财富的增加。经济增长模式主要分为两种，一种是粗放型经济增长模式，它主要是靠着大力投入原动力来增加产出量，从而使经济进行发展；另一种是集约型经济增长方式，它不但要靠着资金、资源，还要有发达的科技和高端的人才，从而使经济进行发展。随着不断地发展，知识运营增长方式、创新驱动型增长方式、资源再生型增长方式、内涵开发型增长方式是知识经济时代的经济增长方式，也是新常态经济的经济增长方式。低碳模式下经济增长的核心仍然是解决技术和生产力革新的问题，因此，研究金砖国家的经济增长方式是为了更好地使金砖国家发现自己的问题，调整产业政策以更好地适应低碳经济的增长。下面分析低碳模式下金砖国家经济增长模式：

（一）俄罗斯

自从苏联解体后，俄罗斯就开始进行经济的改革。经济转轨以来，俄罗斯实施经济粗放增长方式，对于经济增长主要依靠人力、物力、资源、能源、资金等方面的投入，俄罗斯的经济增长方式是以高投入和低产出来完成的，投资下降速度高于经济增长下降速度，物质消耗的增长超过经济发展的增长，人力资源投入的增长速度高于产出率的增长速度。工业企业比例增加，私营企业的工人数量也在增加，但工业的产出速度却远小于人力的投入。

俄罗斯在经济转型后，工业和农业的产出率都比较低，工业、电力工业、燃料工业等都不如转型之前。俄罗斯的这种经济增长模式，是非常不科学的，为以后增添了很多困难，所以俄罗斯必须要将这种消耗非常大、排放非常高，而产出还非常低的发展模式向节约、集约的方面进行转变。集约型经济增长方式是指保持之前相同的生产规模，使用新的技术、新的工艺，改进目前使用的机器设备、使用更高端的科学技术的方式来增加产量，这种经济增长方式又称内涵型增长方式。集约型经济增长模式是对环境有好处的，同时也能使经济发展效率大大地提高，从而受到越来越广泛使用的经济增长模式。

俄罗斯现在正在朝着低碳经济的道路前进。从保护环境的角度出发，俄罗斯正在研发新的能源技术，将着手准备全力发展纳米技术和新核能技术，俄罗斯政府也非常希望通过欧亚经济联盟与中国的"一带一路"倡议产生对接和交流，积极建立联合投资项目，为以后长期投资创造良好的条件，把竞争优势融合到一块儿。

俄罗斯在经济转变这一过程中，一定会从之前的粗放型经济增长方式转变成为集约型经济增长方式，在发展工业的这一过程中，必定会大量使用煤炭资源，大大增加碳排放，使环境受到污染和破坏，俄罗斯也想到了这些，而且现在正在向低碳经济改变，而在转型的过程中，要使能源更充分地利用，降低碳排放强度。减少碳排放的过程是十分复杂的，这必须要有一系列的技术支持，通过技术将有可能污染空气的气体、燃料或能源进行过滤或转变，并且国家在对工业进行改革的同时，要大力发展有利于环境的新兴产业，开发新能源，取代旧能源。

（二）印度

印度的经济发展走出了一条属于自己的道路，印度人口众多，产业发展也相对不平衡，有巨额的财政赤字，国内人民的贫富差距也较大，总体来说较为落后。但如今，印度开始以知识密集型为主导经济增长模式。印度的三大产业可以表明印度现在的发展状况。其中第一产业农业发展十分需要技术的支持，印度的单位面积粮食产量较低，每公顷仅有1.7吨，农业生产率很低。在第二产业方面，目前印度建立了一个较为完善的工业体系，能源工业、制药业、汽车业的发展已经具有领先地位，但是产业结构仍然存在不合理的方面。印度的第三产业发展前景较第一、第二产业还是比较有优势的，印度工人大多受过教育，英语基础比较好，信息技术也相对发达。印度的服务业也为IT等高新产业提供有力支持。因此第三产业还是有一定的发展优势的。印度比较重视第三产业也就是服务业，印度的服务业占国民经济总产值的一半，工业占比26%、农业占比22.8%，由于农业和工业的局限性，印度的服务业发展是最为快速的。

印度的对外贸易也在不断发展。印度由于地理环境的优势，海岸线长，因此渔业的发展较好。印度的森林覆盖率达30%，旅游资源丰富。印度自从独立以后到20世纪80年代，一直是靠着进口来进行发展的。20世纪90年代，印度实行了出口导向型外贸政策解决贸易赤字问题，加快商品货物的出口。与此同时，印度的软件行业是国家的第一大产业，是印度经济增长的主要来源，印度在 2010 年全球服务出口领域排名第十。由此可见印度的经济增长主要是依靠服务业的发展，印度并不属于粗放型的经济发展模式，而是在向集约型的经济发展方式不断过渡。

印度的服务业发展本身就大大减少了对环境的污染和影响，印度的第三产业从传统服务业到现代服务业的发展相互衔接得很好，而且第三产业发展已经遥遥领先第二产业了，还表现出很好的持续发展势头，印度政府在这方面也不断地发展清洁能源产业，制定了大量的政策，对新能源的发展和清洁产业的发展提供了技术和资金的支持。

所以，印度的经济发展模式是多样化的，是逆向发展的。虽然印度的第二产业不足以支撑全国的经济发展，但是印度却把第三产业发展壮大，也不需要第二产业来做支撑和铺垫，同时服务业的大力发展也减少了对环境的污染，减少了 CO_2 的排放量。因此，印度的改革为本国带来了经济持久和良性的发展，既重视了人才的培养，也有未来的计划和发展低碳经济的目标，值得我国学习。

（三）巴西

巴西作为拉丁美洲最大的发展中国家，其经济增长模式是新自由主义改革驱动下的巴西经济增长，巴西在 1994 年改革后经济开始复苏。其中，在最近的 100 年，巴西的经济发展波动是非常大的，同时带来较大的经济发展起伏。因此，笔者认为巴西在这些年的发展是处在一种不稳定的相对高速增长中，而且巴西政府在经济的控制和调整能力方面也比较薄弱，导致政府的宏观调控能力也相对薄弱。在发展低碳经济的同时，政府一定要加强监管力度，尽快出台低碳经济政策，坚决执行监督保障等工作。值得一提的是，巴西在公共基础建设方面做得非常好，其中在交通、国防、教育等方面是非常完善的。

巴西在很早之前就非常重视低碳经济的发展，国家也大力发展服务业，增加这一块的占比，且已经和发达国家的水平相差无几，在金砖国家中是发展最好的。现在全世界都在大力发展服务业，这已经成为当今世界发展的主流趋势，也是一个必然的趋势。服务业的高速发展能够有效地使环境不受到进一步的破坏，它不仅能减少工业对大气的污染，还能大大减少碳的排放量，现在巴西的各个方面，离发达国家的距离更近了。巴西的经济发展相对处于一种更为成熟的模式，巴西也较早地将新能源、环保产业等低碳产业作为核心竞争力，因此巴西在低碳经济下的经济增长态势是上升的，值得金砖国家借鉴和学习。

巴西未来的经济增长速度仍会处在一种低位状态，但巴西已经在积极发展各种新兴产业，不断调整产业结构、实现产业升级。巴西作为拉美地区最大的经济体，发展前景十分广阔，经济也会不断提升。

（四）南非

南非在发展中国家的收入属于中等阶层，同时相比于非洲其他国家，南非也是经济最发达、劳动生产率最高、经济结构最合理的国家。南非有非常多的矿产资源、现代化的基础设施也非常的齐全、具备良好的投资环境和国际化的经济体制，南非是新加入金砖国家的成员，而且发展潜力非常大。南非的 GDP 近年来的增长态势可谓迅猛，2002—2007 年 GDP 年均增长速度为 4.78%。南非经济发展两大支柱产业——制造业和采矿业发展地非常好。南非虽然煤炭矿石非常的丰富，但是石油等资源严重不足，需要进口来进行补充。煤炭矿石的开采加工在一定的程度上会造成环境污染，南非也会利用煤炭来进行发电，大力发展清洁能源。加快技术革新才是南非发展的重中之重。

南非现如今的经济增长同样也面临着一些问题，经济增速较慢，低于预期，就业市场形势严峻、失业率高，贫困现象严重。南非现在是一个开放的经济体，特别容易受到国际市场的冲击，导致物价发生变化，影响人民的生活。但是值得一提的是，南非已经在全力调整产业政策，并且会积极地应对能源短缺的问题，充分利用其称之为优势的矿产资源，通过完善农业发展、发展海洋经济、发展低碳经济、提高工业的生产率等促进经济增长。

南非在加入金砖国家这一新兴经济体组织后，全力与其他金砖国家进行贸易合作。2011 年南非总统卡莱马·莫特兰到访中国，参加中国—南非经济论坛，与中国签署了《地质和矿产资源领域合作谅解备忘录》，两国的银行签署了高达 25 亿美元交易金额的金融合作协议。南非在金砖国家对外贸易中的地位总体也在不断上升，在北京奥运会之后的这几年，这五个国家的贸易额增幅达 67.3%，贸易额增加了 124.4 亿美元，而且也在南非进出口贸易的比重中增加了 5.69%。由此可见，南非在加入金砖国家这一行列后，不但经济发展了，而且另外四个国家和非洲的关系也得到了进一步发展。

所以，南非是非常有发展潜力的，因为它有非常多的资源，还是这几个国家和非洲之间的枢纽，未来前景非常广阔。但南非仍然需要从粗放型的经济增长模式中走出来，加快与其他金砖国家间的合作交流，加快清洁能源、新能源、新兴产业的发展，加快技术革新，这才是未来南非经济增长的新型发展模式。南非需要不断加强与其他金砖国家的合作，更好的"引进来"、"走出去"，实现经济飞速发展，携手金砖各国共同减轻气候危害，在低碳经济下发展经济。

（五）中国

中国目前基于低碳经济这个背景，开始以限制过多的碳排放与经济增长这个双重目标为根本，使中国尽快转型为其适合的经济增长方式。中国近年来的经济在不断增长，而且也降低了很多的碳排放量，但是远达不到预期的目标。纵观中国近年来的发展，中央政府号召全面落实科学发展观、改变经济增长方式、寻求新型工业化道路、建设"两型"社会，采用了改变产业结构、限制高能耗与高排放行业过快增加、提高能源利用效率的政策措施，收获了一定的成效。库兹涅茨等西方经济学家发现，环境的影响与经济的发展之间存在必然的联系，即在工业化早期阶段经济的发展对环境造成破坏并且慢慢地达到峰值，但是再继续增长的话，对环境的破坏力反而减小了。

中国目前就是在这一阶段过程中，由于中国经济发展在之前一直大量使用化石能源，而且很长一段时间内都在使用，对环境是有一定破坏的。这种经济增长方式具备典型的粗放型特征，在这种模式下，当经济发展水平非常高的时候，也可能会降低碳排放量，而这个正是中国经济增长方式转型升级的价值所在。

总之，中国现在虽然仍是粗放式的经济增长模式，但当我们提高技术水平和转变生产模式后，发展低碳经济的道路还是十分广阔的，当今中国也提出了很多支持低碳经济发展的新兴产业政策，这些新兴产业政策会让我国的发展越来越好。我国各行各业都在努力向低碳方向发展，未来大有前途。

◇ 第二节　金砖国家与发达国家之间碳排放的博弈

近年来，世界各国都已经意识到了逐步减少碳排放对于环境和可持续发展的重要意义。发展低碳经济不仅是发达国家的目标，也是许多发展中国家逐渐加以重视的问题。国际社会对于碳排放的治理已经形成了一个相对完整的机制。联合国 1988 年成立气候变化专门委员会（Intergovernmental Panel on Climate Change，IPCC）为建立气候变化的国际机制提供原则依据。IPCC 推动了 1992 年《联合国气候变化框架公约》（United Nations Framework Convention on Climate，UNFC-CC）的产生和各类气候谈判。1997 年签订的《京都议定书》是目前温室气体减排合作的主要框架。《京都议定书》认识到发达国家应该对其 150 多年间工业活动导致的大气中大量温室气体排放负主要责任，因此在"共同但有区别的责任"原则下对发达国家施加了更多的压力。[①]《京都议定书》建立了三个灵活的合作机制——国际排放贸易机制、联合履行机制和清洁发展机制。2015 年饱受争议的《巴黎气候变化协定》最终达成，主要目标是将 21 世纪全球平均气温上升幅度控制在 2 摄氏度以内，推动温室气体排放的逐步减少。虽然这样一个长期综合性的治理框架为气候治理制定了相关规则，但是由于国家利益和立场不同，有关碳排放的国际谈判长期以来一直是发达国家和发展中国家进行博弈的领域。表 9—1 反映出的是金砖国家在气候治理框架下做出的承诺。

---

① UNFCCC，What is the Kyoto Protocol?，https：//unfccc. int/process-and-meetings/the-kyoto-protocol/what-is-the-kyoto-protocol/what-is-the-kyoto-protocol.

表 9—1　金砖四国国家气候治理机制中做出的承诺

	COP15—哥本哈根	COP21—巴黎
中国	到 2020 年（基期为 2005 年）：（1）将 GDP 中的碳密集度降低 40%—45%；（2）提高一次能源消耗中非化石燃料使用水平到 15%；（3）将森林覆盖面积增加 4000 万公顷，森林蓄积量增加 13 亿立方米	到 2030 年（基期为 2005 年）：（1）达到排放峰值；（2）将 GDP 中的碳密集度降低 60%—65%；（3）提高一次能源消耗中非化石燃料的使用水平到约 20%；（4）将森林蓄积量增加约 45 亿立方米
俄罗斯	到 2020 年（基期为 1990 年）：减少 15%—25% 的排放，范围取决于（1）"在履行人为减排义务方面的贡献框架下对俄罗斯林业潜力的合理计算"；（2）"所有主要排放国承担减少温室气体人为排放的具有法律约束力的义务"	2020 年至 2030 年（基期为 1990 年）：减少 25%—30% 的排放量，"最大限度考虑到森林的吸收能力"
印度	到 2020 年（基期为 2005 年）：减少每单位 GDP 中 CO_2 排放量的 20%—25%，为了达到目标：（1）到 2011 年增加化石燃料标准；（2）2012 年采用建筑能源法规；（3）增加森林覆盖面积，相当于其年度碳排放量的 10%；（4）将风能、太阳能和小水电的电力从 8% 增加到 20%	到 2030 年（基期为 2005 年）：（1）将 GDP 的碳排放密度降低 33%—35%；（2）在能源资源基础上的非化石燃料下实现约 40% 的累积电力装机容量，借助技术转让和包括来自绿色气候基金（GCF）的低成本国际融资；（3）通过额外的森林和树木覆盖产生 25 亿至 30 亿吨 CO_2 蓄池

续表

	COP15—哥本哈根	COP21—巴黎
巴西	到 2020 年：（1）将排放量增长减少 36%—39%，基期与以往相同；（2）削减 80%的森林砍伐，基期为 2005 年	在 2025—2030 年间：减少 37%—43%的排放量；（1）可持续生物燃料的份额增加至约 18%；（2）在能源结构中实现 45%的可再生能源，将风能、太阳能和生物能扩大到矩阵的 28%—33%，发电量的 23%，提高电力能效 10%；（3）零非法森林砍伐；（4）恢复 1500 万公顷牧场并增加 500 万公顷综合农田—林业系统；（5）推广清洁技术新标准，并进一步加强能源效率措施和低碳基础措施；（6）促进交通部门的效率措施，改善城市地区的交通和公共交通基础设施

资料来源：Eduardo Viola，Larissa Basso，"Wadering decarbonization：the BRIC countries as conservative climate powers"，Revista Brasileira de Politica Internacional，59（1），2016，pp. 1 – 22.

围绕碳排放配额问题、CO_2 排放历史问题和减排责任问题等，不同国家有不同利益诉求和政策主张，这也是导致在国际碳减排问题上形成博弈格局的主要原因。仲云云和张冲将这些利益集团分为三类，第一类是以欧盟为代表，要求积极减排，推动气候谈判和低碳经济，采取有效措施进行碳减排；第二类是伞形集团，包括美国、日本、加拿大等，减排态度较为消极，强调以市场为主的减排政策，要求发展中国家承担相应责任；第三类主要是发展中国家，包括"金砖五国"、小岛国家、拉美和非洲国家，不反对减排，但反对强制量化减排（仲云云等，2018）。金砖国家在第三类集团中话语权最强，代表发展中国家发声的时候影响力最大。

目前，在碳排放问题上金砖国家与发达国家主要的博弈集中在几个方面。首先，关于"共同但有区别的责任"这一原则，发达国家和以金砖国家为代表的发展中国家之间的分歧正在不断扩大。很多发达国家认为，碳减排是全球所有国家共同的责任，并不应该因为发展中国家经济发展水平较低就理所当然的承担更少的责任。虽然目前大气中的 CO_2 排放量主要是工业革命以来燃料燃烧等历史原因造成，但是有科学模拟结果显示到 2020 年后，世界上最大碳排放来源于发展中国家，尤其是新兴经济体。治理碳排放问题应当从整体效果出发，让发展中国家也实行同步强制碳减排。但是，站在金砖国家和其他发展中国家的立场上，发达国家的观点既回避了社会福利分配问题，也没有考虑到发展中国家的实际碳减排能力。发展中国家的首要任务仍然是发展经济，消除贫困，这些目标在严苛的碳减排条件下现阶段难以实现（单良燕等，2018）。发展中国家的贫困问题原本就与发达国家早期的经济发展密切联系在一起，如今还在承受历史原因造成的碳排放影响，这种不公平性也是需要维持"共同但有区别的责任"这一原则的原因。然而，现在的问题在于一些发达经济体对于如何区分发展中国家又进行了质疑。有观点认为国际合作的主要挑战之一是如何重新思考划分发达国家和发展中国家之间的传统分界线，建立有效和公平的制度。将所有发展中国家视为单一群体既不有效，也不等同，这在贸易和气候变化机制中都是如此（Pauwelyn，2013）。如果当前对发达国家和发展中国家的划分成了主要探讨的问题，毫无疑问，"共同但有区别的责任"这一原则的阐释和适用性将经受更多的考验。

其次，金砖国家和发达国家一直在碳减排技术转移和资金支持等问题上进行博弈。在碳减排方面，发达国家掌握先进的技术，但却不愿意对缺乏资金和研发技术的发展中国家进行技术转移和协助技术研发（单良燕等，2018）。中国、印度、巴西对知识产权体系改革、区别定价、资金技术支持等提出过具体的要求，然而发达国家的回应并不积极。成功的气候治理需要发达国家对发展中国家直接提供援助，这当然也需要发展中国家对创造真正技术需求所需的国家措施做出明确承诺。理想中的发达国家和发展中国家可以达成的全球气候协议中应当包括的关键要素有强大的发达国家制定出排放目标，以推动全球碳市场发展，从而推动发展中国家的低碳技术提升。还应当建立一个新的技术机构，用以监测、评估和建议与技术有关的问题。然而，实际情况是合作似乎从未完全代替发达国家和金砖国家之间激烈的博弈。发达国家对发展中国家的顾虑日趋显露。有研究显示，金砖国家比 G7 集团的技术效率提升做得更好，金砖国家正在向能源高效利用上推进。相反，G7 集团的技术退化正在显露，一些 G7 成员甚至已经出现了高排放的现象（Chang、Hu、Chang，2018）。正因如此，发达国家感受到来自金砖国家的竞争压力越来越大，技术转移、提供资金、放松知识产权等直接牵扯到发达国家的实际利益，发达国家对发展中国家做出的让步空间愈发有限。

再次，发达国家和金砖国家在碳泄漏问题上的长期博弈未来可能会越来越受到关注。碳泄漏是采取环境规制措施以外的国家或地区增加的 CO_2 排放量和采取环境规制措施的国家或地区减少的 CO_2 排放量之比。衡量碳泄漏程度的指标是碳泄漏率，即指非减排区域排放增加量与减排区域减排量的百分比。这里涉及的问题是非减排政策的差异性引起碳排放跨国转移是否也是碳泄漏，政策的差异性是否必然导致碳泄漏以及碳泄漏率会有多高，到底由谁来承担责任（孟国碧，2017）。碳泄漏问题与国际贸易紧密联系在一起，各国减排政策的差异性是出现碳泄漏的主要原因。发达国家和发展中国家的博弈主要是围绕不同立场和观点展开的。发达国家认为碳排放跨国转移也应纳入碳泄漏范围，碳泄漏集中在发达国家向发展中国家的泄漏，发展中国家应当强制减排。发展中国家则认为发达国家忽略了发达国家之间的碳泄漏，发展中国家也是碳泄漏的受害者。使双方博弈愈演愈烈的导火线是发达国家为了解决由于减排管制而造成的产品竞争力损失和碳泄漏问题，美国和欧盟等发达经济体考虑采用"边境调节税"措施（Border Tax Adjustments，BTAs）。这种单边调节措施引起了多数国家和国际经济组织的不满，并且这些措施能否真的起到防治碳泄漏的效果也尚未可知。这些发达经济体采取边境税收调节措施实质上是一种贸易保护的行为，希望用这种措施对发展中国家进行打击，以保护本国日益丧失竞争力的传统产业。

最后，金砖国家和发达国家在碳排放配额政策和碳交易政策方面有不同的策略。发达国家一方面优先在发达国家之间实施许可交易碳排放合作政策，为世界各国树立榜样，另一方面积极推进全球环境协调计划和方案，吸收经济实力接近的国家加入全球许可交易碳排放合作政策中来。而发展中国家多会优先选择碳排放配额许可交易政策（杨仕辉等，2016）。在有关碳排放配额问题上，"碳预算"也是金砖国家和发达国家共同关注的焦点问题。人类自进入工业时代以来已排放约 2 万亿吨 CO_2，在科学家提出的控制标准下，剩余的碳排放额度仅剩 1.2 万吨。因此，"碳预算"就是要将预算摊派到各个国家头上，限制碳排放额度。金砖国家和发达国家在"碳预算"问题上多有矛盾。例如印度急需发展动力，就多次要求获得更多"碳预算"。但是实际上发达国家在这一问题上做出让步的空间也十分有限。此外，目前的碳交易机制也存在问题。虽然欧盟等发达经济体一直积极推进碳交易机制的建设，但是这一机制在发展中国家和地区发挥的作用不足，发展中国家的积极性也因此大打折扣。这主要是因为低层次产业结构的技术研发成本过高，企业需要投入到绿色技术研发的成本高，回报周期长。此外，发达国家拥有雄厚资本，碳资本投机的情况亦有发生。在意识到碳资源价值后，碳金融市场的套利活动难免发生，甚至还会有利用碳市场崩溃攫取金融利润的案例（Hansen，2009）。[1]

金砖国家和发达国家之间有关碳排放的博弈必然还将持续下去。一方面，碳排放对全球环境产生的影响日益严重，亟待各国合力共同解决；另一方面，有关权利与责任的争议在不同阵营之间依然无法消除。根据全球发展中心（Center for Global Development）的数据，发达国家应该为历史上79%的碳排放负责，发展中国家应当为目前63%的碳排放负责。[2] 因此，金砖国家和发达国家对全球气候变化都应当秉承负责任的态度，以合作的方式真正解决这一问题，共同应对碳排放问题以及其他气候治理方面的挑战。毕竟不论金砖国家还是发达国家都不能对日益恶化的气候变化问题无动于衷，可持续性的发展是双方的共同目标。金砖国家与发达国家在碳排放问题上进行的博弈今后还会更加集中地体现在国际机制中，主要是 G20 和 WTO 相关议题上的进展。全球气候变暖对经济增长的威胁已经愈发明显，打击气候变化是 G20 的关注焦点。但是，G20 机制最近几年的影响力有所下降，并且 G20 峰会上达成的宣言本身不具有约束力。美国在 G20 中扮

[1] Hansen J. E., "Carbon Tax&100% Dividend vs. Tax&Trade", Testimony Submitted to the Committee on Ways and Means, U. S. House of Representative, http：//www. columbia. edu/ ~ jeh1/2009/WaysAndMeans_ 20090225. pdf.

[2] Centre for Global Development, Developed Countries Are Responsible for 79 Percent of Historical Carbon Emissions, https：//www. cgdev. org/media/who-caused-climate-change-historically, August 18, 2015.

演重要角色的意愿正在不断消减，尤其对于环境和气候变化问题显得尤为冷漠。在 2018 年 G20 峰会通过的《二十国集团领导人布宜诺斯艾利斯峰会宣言》中，《巴黎协定》的 19 个成员国重申了对气候目标的承诺，而美国不在其中。但是，发展中国家和发达国家共同商讨解决气候变化以及与之密切相关的碳排放问题需要在一个合适的多边框架下进行。如果 G20 都无法承担起这一功能，对于金砖国家和其他发展中国家来说是不利的。WTO 机制相对来说在未来能够发挥的作用更明确一些。采用符合国际贸易法的碳边境调节计划被认为是一种可行的控制碳排放的手段。在这一问题上，金砖国家和发达国家之间的博弈变得更加复杂，或者说对峙的阵营有了重新划分。欧盟和中国已经表示将共同努力加强《巴黎协定》，并且已经与一批志同道合的国家进行合作，将协调彼此之间的工作，尽管在这个过程中可能会因为基于共识的普遍框架（如 "联合国气候变化框架公约"，该框架赋予每个国家否决权）而遇到困难。即便美国退出了《巴黎协定》，国际贸易法将允许对美国产品进行碳边境调整（BCAs），但只要这些计划设计良好，以避免 WTO 做出禁止任意或不合理的歧视或伪装性保护主义的仲裁，例如重蹈 WTO 上诉机构在美国大虾案中的做法，其他国家依然可以同意对美国施加多边碳边境调整计划。①

---

① Brian Chang, A proposal for a multilateral border carbon adjustment scheme that is consistent with international trade law, https：//www.ictsd.org/opinion/a-proposal-for-a-multilateral-border-carbon-adjustment-scheme-that-is-consistent, June 1, 2017.

第 十 章

中国应对环境与增长的对策研究

近些年来，随着世界经济和全球经济治理体系进入一个重要的调整时期。全球经济缺少有力的增长引擎，发展失衡的现象日益加剧，已有的全球治理机制面临严重挑战，公平赤字等问题愈发突出。不论是发达经济体还是新兴经济体国内的保护主义和内顾倾向都有明显上升趋势。在这样的大背景之下，中国与其他金砖国家所处的国际环境比过去面临更多的难题和挑战。金砖国家需要积极开展合作，制定和完善参与全球经济治理的策略，应对充满不确定因素时期的各类问题。

◇ 第一节 中国与金砖国家参与
全球经济治理的策略

支持开放型的世界经济是金砖国家参与全球经济治理的基础。以金砖国家为代表的新兴经济体是经济全球化和自由贸易体系主要的受益者之一，也是这一体系的坚定捍卫者。新兴经济体过去几十年的快速发展得益于自由贸易体系的维持和壮大。当前全球经济治理体系中出现的问题是过去以发达国家利益为主导的运行规则无法适应全球经贸格局的演变，而并非是自由贸易本身不值得肯定。金砖国家应当继续遵循过去十年中开放透明、团结互助、深化合作、共谋发展的原则和"开放、包容、合作、共赢"的金砖国家精神，将合作领域不断拓展，层次不断深化。可以预见的是，金砖国家支持开放型经济的策略在未来遇到的阻力将会比之前更大。虽然经济全球化一直被认为是促进商品和资本流动、科技文明进步、提高民生福祉的时代潮流，但近年来逆全球化现象正在蔓延。逆全球化与经济全球化相背，会导致国际合作和相互依赖逐渐消减，长期来看会导致全球经济的衰退。美国自唐纳德·特朗普总统上台之后，屡屡出台保护主义政策，并且向中国、欧盟等世界主要经济体发起贸易战，试图重新使国内的中低端制造业占据优势。英国的"脱欧"公投，更是这场逆全球化潮流中最重要的事件。"脱欧"对于整个全球经济体系都会带来深远影响。一定意义上，"脱欧"是对以合作和开放为价值基础的区域一体化进程的否定（吴志成，2019）。美国特朗普上台，英国"脱欧"，欧洲和美国国内的激进政治力量崛起、"黄马甲"等社会运动不断兴起等都是逆全球化的表现。在这样的环境下，金砖国家更需要团结互信，坚定地支持开放包容的全球经济体系，推动自由贸易，摒弃狭隘的地缘政治思想和保守主义思想。自由主义国际经济秩序是金砖国家多年来经济发展取得成功的基础。金砖国家支持开放型的世界经济符合全球化的趋势。

推进全球经济治理机制改革是金砖国家参与全球经济治理的重点。目前的全球经济治理机制正面临严峻的危机。第二次世界大战后形成的以世界贸易组织（World Trade Organization，WTO）、国际货币基金组织（International Monetary Fund，IMF）和世界银行（World

Bank，WB）为基础的全球经济治理机制已经无法满足当前世界经济
发展的需求。WTO 多哈回合谈判长期停滞，并且由于贸易战的不断
加剧，WTO 机制本身也受到严重挑战；"新地区主义"盛行，虽然美
国退出了跨太平洋伙伴关系协定（TPP），但其他区域贸易协定仍然
在不断推进，逐渐边缘化全球性的多边贸易机制。这些都使全球经济
治理碎片化和复杂化的趋势变得更加明显（张悦等，2017）。推动建
立更加均衡普惠的治理模式和规则成为当务之急。金砖国家参与全球
经济治理的主要目标之一就是要改变现有的不公平的国际规则和国际
制度。金砖国家推动全球经济治理机制改革这一策略需要从三个方面
实施。

第一，针对目前的全球治理机制，提出更加切实可行并且有利于
新兴经济体和发展中国家的改革方案。由于美欧等发达经济体是现有
全球治理机制的制度设计者，制度非中性也使全球经济治理具有显著
非中性特征，新兴经济体在国际体系中的制度性话语权和在国际组织
中的投票权一直无法与经济实力相匹配（关雪凌等，2017）。改革全
球经济治理机制需要从解决这些问题入手。金砖国家一直在积极提高
在主要国际经济组织中的话语权。在 2017 年中国厦门召开的金砖国
家领导人第九次会晤上，金砖五国领导人就给出了"金砖立场"和
"金砖方案"，决心构建一个更加高效、能够反映当前世界经济版图的
全球经济治理架构，增加新兴市场和发展中国家的发言权和代表性，
推动在世界银行、国际货币组织和世界贸易组织的全球经济治理体系
中的投票份额、股权审核与改革等。以 IMF 份额改革来说，中国等新
兴经济体正是通过长期不懈的努力才争取到份额增加，获得了与经济
实力更加相配的话语权。中国与其他金砖国家应当积极应对当前全球
经济治理机制中出现的问题，尤其是在贸易机制改革领域。在国际贸

易体系面临转变的关键时期，与发达经济体争夺制定规则和制度的权力是金砖国家必然要面对的挑战。

　　第二，加强金砖国家的合作机制建设，发挥金砖国家在全球经济治理体系中独特身份的作用。金砖国家到底在全球经济治理体系中扮演怎样的角色一直以来都是被广泛讨论的问题。在金砖经济伙伴框架内的全球经济方面，金砖将自己定位为维护新型市场即发展中国家利益的先锋队。① 金砖国家机制建立以来，为世界经济做出了重要贡献。金砖国家的内部团结推动了几个新兴大国之间的政治和经济协调，增强了基础设施建设方面的合作，这使金砖国家能够以一个整体实力强劲的集团形象打破以往美国和欧盟在国际事务中的主导地位。然而，金砖国家合作机制也存在许多问题，改进这些不足之处才能更好地制定和完善参与全球经济治理的策略。一些西方媒体质疑金砖是"没有泥浆的砖""破碎的金砖"，因为金砖国家目前都面临经济下行的压力，并且各国发展战略存在冲突。更重要的问题是，金砖国家合作机制较为松散，还并没有成为一个真正牢不可破的利益共同体。金砖国家合作机制最初主要是以领导人峰会的形式展开，这种以"务虚为主"的方式将金砖国家从一个概念逐渐转变为了有实际影响力的国际合作平台。后来金砖国家新开发银行（New Development Bank，NDB）的建立才是真正意义上开始了金砖国家间的实质性合作。但是显然，对于金砖国家来说，还需要涉及更多领域建立更深层次的联系，才能真正地完善金砖国家合作机制。

　　第三，充分利用 G20 机制、"一带一路"倡议等搭建起的治理平台，更好地实现全球经济治理目标。金砖国家从一个概念发展为实际

　　① 《"金砖"迈向强化全球经济治理》，http://column.cankaoxiaoxi.com/2017/0911/2229910_3.shtml，2017 年 9 月 11 日。

合作的机制，将五个新兴经济体紧密联系在一起。但是，这并不意味着金砖国家是另一种形式的"孤军奋战"。金砖国家不仅和其他发展中国家有共同利益所在，而且和发达国家也并非是完全对立。金砖国家应充分利用其他全球性和地区性的经济治理平台，实现共同发展的目标。G20 机制和"一带一路"倡议是与金砖国家联系最密切的合作平台。G20 是发达经济体和新兴经济体共同参与的全球经济治理核心机制。从 2009 年伦敦峰会同意向世界经济注入 1.1 万亿美元恢复经济增长动力，到 2011 年 G20 戛纳峰会通过世界银行投票权改革方案，再到 2015 年安塔利亚峰会敦促美国尽快批准 2010 年 IMF 份额和治理改革方案，G20 都显示出了危机治理、机制改革、促进经济增长等方面的优势。G20 平台是金砖国家能够表达意见，深度影响全球经济治理方向的有利场所，今后仍然应当予以重视。"一带一路"倡议是中国提出的国家级顶层合作倡议，覆盖的地区和相关的合作内容都与金砖国家合作有一定的重合。在基础设施建设、资金融通、贸易与人员交流等方面，金砖国家与"一带一路"倡议有很大的合作空间。中国作为在两个机制中都占有重要位置的国家，应当积极发挥大国协调的作用，推动全球多边机制下的国际合作，让两种机制顺利对接。这也能够对改革现有的全球经济治理机制做出贡献。

加强创新合作，探索国际经济合作新模式是金砖国家参与全球经济治理的未来方向。在世界格局深刻调整变革之际，创新也是一种策略。金砖国家合作应当在机制创新和产业技术创新等方面进一步加强。有关机制创新，扩容金砖合作机制是有助于推动全球治理创新的重要方式。南非加入金砖机制正是成功扩容的先例。金砖扩容可以增加机制的国际影响力和话语权，对中国来说也是一项可以协调处理内部改革转型与外部责任担当两大关系的重大举措（王灵桂，2018）。

金砖国家应当如何通过扩容建立更有效的治理机制是今后要解决的重要问题。有关产业技术创新等，金砖国家已经制定了 2017—2020 年创新合作行动计划。在行动计划中明确提到"创新是指在业务实践，工作场所组织或外部关系中，从创意，技术进步，新的营销方法衍生出的新产品或显著改进的产品（商品或服务）或过程的实施。创新涵盖了以科学、技术和创新（STI）为核心的广泛领域"。① 金砖国家强调创新是全球可持续发展的关键驱动力之一，在推动经济增长、支持就业、企业家精神和结构改革、提高生产力和竞争力、为公民提供更好的服务以及应对全球挑战方面发挥着基础性的作用。现在创新对于金砖国家的意义超过了以往任何一个阶段。目前，金砖国家正在致力于创建由科学园区、技术商务恒温箱和自贸区等组成的网络，为切实开展创新项目提供场所。并且，金砖国家还为在 ICT、材料、水利、健康、能源、减灾等领域内将创意转化为方案创建跨文化人才库。这些具有深远意义的策略会在今后逐渐影响全球经济治理的方式和趋势。

金砖国家参与全球经济治理的合作总体上向着积极有效的方向前进。但是，在制定策略的过程中，金砖国家仍然面临着不同程度的风险，可能会对合作的开展带来负面影响。这些风险既来自金砖国家内部的竞争和分歧，也来自外部环境的施压。金砖国家在一定程度上缺少相互依赖的经济利益。金砖国际之间的贸易每年不足 3200 亿美元，而金砖国家与美国和欧盟之间的贸易却是这一数字的 6.5 倍。金砖的几个成员国在一些关键产业上相似度较高，除了俄罗斯以外，其他四

---

① BRICS Action Plan for Innovation Cooperation（2017 – 2020），accessed on April 1 2019.

国的经济都和西方的消费品生产紧密联系在一起。① 目前，一个值得关注的现象是有金砖国家出于自身利益考虑，做出不利于新兴经济体整体利益的决策。例如，2019 年 3 月，巴西总统博尔索纳罗同美国总统特朗普会晤后发布的联合声明中提到："与其（巴西）全球领导者的地位相称，经美方建议，博尔索纳罗总统同意开始在 WTO 谈判中放弃特殊和差别待遇。"这一做法对金砖国家的团结一致也是重大打击。巴西此前就曾经拒绝在金砖国家会议上联署其他金砖国家关于WTO 改革的声明，使声明胎死腹中。在 2019 年 2 月的 WTO 总理事会上，巴西对于"特殊差别待遇"问题也多含糊其辞。巴西的一系列做法很有可能是为了在与其他金砖国家的竞争中争取到更加有利的地位，加强同发达国家之间的联系。由此可以看出，金砖国家之间的竞争不可避免，甚至在今后有变得更加激烈的可能性。再加上金砖五国有不同的文化，在发展观、意识形态等方面也存在巨大差异，这都是未来金砖国家内部可能面临的风险来源。从外部环境来说，虽然金砖国家的合作对于发达经济体的影响力带来一定的冲击，但发达国家仍然占据着全球经济治理的主导地位。西方发达国家通过 TPP、TTIP 等较为成熟的贸易投资机制以及 G7 等治理机制更大程度地影响着国际经济秩序，这对于仍处于起步发展阶段的金砖国家机制来说仍然是最大的外部压力。金砖国家能否坚持正确的治理路径并坚定地执行发展战略，是参与全球经济治理过程中最大的考验。

中国目前是金砖国家中经济实力最强的国家，也相应地承担着较为重要的责任。中国对于有关金砖国家间合作政策的制定应当更加重

---

① Andrey Movchan, 5 factors limiting the impact of the BRICS nations, https：// www. weforum. org/agenda/2015/07/5-factors-limiting-the-impact-of-the-brics-nations/，July 8, 2015.

视和谨慎。中国完善和其他金砖国家的伙伴关系的重要性不断凸显。但是，面对金砖国家的不同国情和不同需求，中国也应当制定相应的策略，更好地同它们一道参与到全球经济治理中。按照知名地缘政治智库斯特拉福战略预测公司的分析，巴西和南非希望吸收更多中国的投资以挽救不断下滑的经济，因此金砖国家新开发银行的重要性对两国的意义非同一般。俄罗斯在与西方国家关系恶化之后，也将经济和外交关系重心向亚太地区倾斜，与中国的关系日益紧密。但是印度由于印巴关系的紧张，与中国的关系并不如其他几国紧密。[①] 这种分析固然有其单一地缘政治视角的偏颇之处，但也在一定程度上指出了中国必须区别看待和权衡与其他金砖四国之间的关系，同时要有全局意识，从参与全球经济治理的高处着眼，才能真正制定出有效的策略。

◇ 第二节　中国与金砖国家间能源
产业战略合作的对策

在全球政治经济背景下，国际能源经济发展和全球能源治理出现的新趋势和新挑战已经使中国与金砖国家之间开展更多更广泛的能源产业战略合作具有了必要性和紧迫性。新的消费群体崛起、国家行为体影响力不断上升和对气候变化的担忧这三个主要趋势正在逐渐相互影响，共同构成了对现有规则结构的挑战（Andreas，2010）。新兴经济体的经济发展在现阶段依然离不开大量的能源消耗，如何保障能源安全是金砖国家共同关心的问题。甚至有人认为在能源问题上，国家

---

①　Jim Barber, For China, BRICS Is an Means to an End, https：//worldview. stratfor. com/article/china-brics-means-end，September 2，2017.

间无法避免"零和游戏"的悲剧。但是，政策制定者应当考虑到有效的全球经济治理能够发挥平衡国际能源市场的需求和供给这一关键作用，而构建市场的规则显得尤为重要。中国与金砖国家间的能源产业战略合作一方面应该立足于优势互补，加强能源领域的多边合作，另一方面也应该积极推动全球能源治理机制中的规则制定。

中国与金砖国家间能源产业战略多边合作主要集中在四个方面。

第一，保障能源安全是金砖国家能源产业战略合作的重点。金砖国家中的部分成员有较严重的能源对外依赖。中国石油对外依存度从21世纪初的23%增加到2012年的58%，印度原油进口大概在80%左右，南非的石油67%依靠进口。三国都是制造业大国，人口众多。与中国、印度、南非对外依赖严重的情况相反，俄罗斯和巴西都是能源出口大国，能源出口是经济支柱（刘强，2013）。金砖国家能源合作应当着眼于长期利益，互信互让，谋求各方的共同发展，这是金砖国家加强能源安全合作的原动力和目的。金砖国家之间应当加强政治互信，针对能源安全机制建设加强对话，增信释疑。对于中国来说，能源安全的重要性不言而喻。金砖国家中既有潜在的能源竞争对手，也有重要的能源安全战略伙伴。如何平衡其中的关系，实现与各方的双赢是中国的重要挑战。从市场思路来看，金砖国家相互合作、互利共赢的可能性完全存在。俄罗斯和巴西受制于国际油气市场价格走低，可以向其他三国提供更大的降价幅度和优惠政策。中国、印度、南非可以增加从金砖伙伴国的能源采购量，不仅用于消费，也可以用于国家油气能源战略储备。

第二，发掘在能源科技领域方面合作的潜力是金砖国家在全球能源市场竞争中占得先机的关键。金砖国家有丰富多样的自然资源和技术专长，可以通过技术创新推动全球能源合作。在探索可再生能源、提高能源效率、技术研发与融资方面，金砖国家都占有一定的优势。探索互利双赢的合作模式前景可期，例如南非是非洲唯一拥有核电站的国家，中国是世界上建设核电规模最大的国家，两国在核能源领域可以加强合作（舟丹，2018）。在 2012 年第四届"金砖国家峰会"会晤提出的《德里宣言》中，金砖国家声明将开发清洁和可再生能源，推广能效和替代技术，以及在清洁和可再生能源领域开展知识、技能和技术交流。能源产业的科技进步不仅有利于经济发展中的效率提升，也能够降低对环境的影响。对于中国来说，大力发展能源领域的科学技术更是尤为重要。高油价时代的到来为能源和新技术的研究、开发和推广创造了条件。以新能源技术为代表的第四次技术革命一定会到来。中国将通过开发新技术和新能源不再依赖传统的化石能源。中国的煤炭能源供应模式及其对石油进口的依赖程度越来越高，因此需要在这方面进行自主创新，特别是考虑到新能源的技术研发和商业推广有望从根本上解决中国长期的能源问题。只有成为第四次技术革命的先驱，中国才有机会突破能源瓶颈，在这一领域拥有自己的发言权。[①] 因此，中国应当在金砖国家能源科技发展方面投入更大力度，积极发挥领导力作用，更好地实现战略发展目标。

第三，建立起能源领域的金融合作是保证能源产业战略顺利实施的必要条件。在融资方面，2014 年成立的金砖国家开发银行（NDB）扮演了重要的角色。NDB 工作的一个关键方面是为金砖国家设定能源目标，提供可持续和可靠的投资，以使各国培养发展可再生能源的能力。NDB 设定了针对每个金砖国家的目标，同时考虑到他们的计划和

---

① X. Zhao et al.（eds.），BRICS Innovation Competitiveness Report 2017，https：//www. ranepa. ru/eng/images/CIIR/BRICS/BRICS% 20Innovative% 20Competitiveness% 20Report% 202017. pdf.

现有的可再生能源水平。该银行旨在为金砖国家快速灵活地提供贷款，以实现这些目标。能源经济学与金融分析研究所（Institute for Energy Economics and Financial Analysis，IEEFA）在 2016 年的一份报告中详细地分析了 NDB 在帮助金砖国家实现可再生能源目标过程中的作用。该报告使用混合融资的概念来确定金砖国家已经取得的进展和所需要取得的进展。这也意味着 NDB 不仅吸收国家资本，也接受私营领域的资本。[①] 同时金砖国家开发银行也在能源资源开发和油气管道建设方面加大投资力度。金砖国家需要进一步将本国能源产业资本与金融资本优化融合，进而构建金砖国家能源秩序（闫世刚，2014）。共同应对气候变化也是促进能源领域金融合作的一个契机。由于 CO_2 排放量增加对气候变化产生的影响已成为全球性问题，各国都对气候问题特别重视，这也为开发可再生能源和新能源的融资创造了更多机会。在金砖国家中，中国和南非处于煤炭使用清洁技术投资的前沿。中国已经开始在燃煤电厂中投入大量此类技术，产生超过 6 兆瓦的电力。这些技术包括高效燃烧和先进的发电、煤炭转化、集成气化联合循环（IGCC）和碳捕获储存（CCS）。[②] 大多数技术都需要高水平的融资和国家在法制和制度方面的支持，还要有长期的金融贷款和合适的储备器材。因此，开发能源领域的新科技需要金砖各国共同努力，形成研发推广的网络机制，这样才能使新技术有朝一日真正服务于能源产业的战略合作。

第四，构建并完善能源合作的法律机制框架是金砖国家能源产业

---

① Institute for Energy Economics and Financial Analysis，"The New Development Bank Its Role in Achieving BRICS Renewable Energy Targets"，2016.

② Kamleshan Pillay，Cyril Prinsloo，Jaya Josie and Franck Naidoo，"South Africa and BRICS：Enhancing Economic Cooperation in the Renewable Energy Sector"，2018.

战略合作的支柱。要保证金砖国家能源合作能够有序规范运行，就要构建符合金砖国家能源特点和要求的能源合作法律机制框架，在制度上保障金砖国家能源合作创新内容的实现。能源合作本质上是追求共同利益，要实现这一目标需要通过合作。合作法律机制的建立就是为了解决合作中潜在的矛盾和纷争，达到互惠互利和合作共赢的目标。金砖国家能源合作法律机制可以理解为是金砖各国通过谈判和协商一致设立能源合作机构，签订能源合作多边条约，制定一系列规则制度，形成金砖各国在调整能源合作法律关系中所遵守的国内政策法规、多边条约、双边条约组成的框架体系（岳树梅，2014）。金砖国家在能源合作法律机制这一问题上还存在许多的空白。因此，金砖国家需要有效地完善本国的法律体系，签订多边协议，建立起专门的组织机构进行法律事务的管理。金砖国家各国的法学家都赞成成员国国际能源合作的发展应当建立单一法律空间。至于能源资源的直接对外贸易，首先必须优先考虑各国民法的统一，作为法律的分支规范和管理有外国因素在其中的私人贸易关系。实施这一政策需要法律上的一致性（Ishakova，Marchukov，Svestyanov，2016）。但是，建立能源合作的法律机制涉及重要的国家主权问题。即便是能源产业合作领域的法律要想做到统一，也需要各国让渡出部分主权，因此目前看来仍然存在较多的问题。金砖国家应当积极在双边和多边能源产业战略上取得突破，由此迈向更统一的法律机制。

中国与金砖国家能源产业战略合作还应当站在全球能源治理的高度上，重视参与国际规则的制定。人们普遍认为金砖国家的崛起可以重新塑造国际体系。然而，金砖国家在更具战略意义的全球能源治理中扮演怎样的角色却很少受到关注。金砖国家自身对参与全球能源治理，从而推动能源产业战略合作的发展路径也并不明晰。国际能源经济发展目前的趋势除了包括以金砖国家为代表的主要发展中国家经济总量和需求快速增长引起国际社会关注以外，还有传统能源开发已渗透到海上、极地，非常规能源更受重视；为稳定国际石油市场，石油消费国与供应国共同推进国际能源论坛向全球能源机构转型；和平使用核能的呼声更高；气候变化问题促使世界经济向低碳发展等（杨玉峰等，2010）。面对应接不暇的挑战，金砖国家成员们应当明确以一个整体的身份更深程度地介入全球能源治理是一项正确的战略选择，在有了清晰的共同目标之后，金砖国家的行动往往能事半功倍。国外有研究指出金砖国家在共同认定了温和的、带有修正主义色彩的目标之后，凝聚力会大大提升，作为谈判中的成员会取得最好的效果。然而，如果没有明确目标，金砖国家会放弃联盟性的行为。除非五国能够具有连贯性的战略约束各自的力量，否则金砖国家各自基于自身利益的盘算会破坏地缘政治上的共同行动（Christian，Mihaela，2013）。因此，金砖国家应当更加团结，从内部构筑共同身份，提出基于金砖国家共同利益并且符合共同价值的能源合作战略，参与全球能源治理。金砖国家的努力方向可以概括为三点。

第一，金砖国家应当努力从全球能源治理中的"规则接受者"向"规则制定者"逐步转型。虽然《巴黎气候协定》反映出了全球能源治理有发生转变的迹象，但是金砖国家在其中仍然发声有限。在能源相关的国际组织中，金砖国家在制度和机制建设工作上还都存在大量空白有待填补。这种现象显然与金砖国家对能源的巨大消费量和生产量极其不相符。国际能源署（International Energy Agency，IEA）的执行理事承认，能源消费的版图已经被重新绘制，重心已经向东方移动。英国石油公司的一份研究报告指出，美国的能源消费会从1990年占全世界能源消费24%的比重下降到2030年只占13%。金砖国家中仅中国的能源消费就会从 8% 上升到 27%。① 但是，在全球能源治理机制中美国欧盟日本等发达经济体的话语权仍然占据主流。尽管全球能源治理的规则存在不合理之处，金砖国家能够改变的空间并不大。金砖国家应当打破由西方主导的"对话中枢型"体系，建立一个更加全面的全球能源治理网络。对于既有强大能源出口国，又有重要能源消费国的金砖国家来说，对全球能源治理施加更多影响力并非天方夜谭。

第二，金砖国家应当加强在国际能源市场上的合作，尝试建立起能够自主掌控的交易体系，避免国际能源市场价格震荡引发危机和恐慌。世界能源格局一直处于变动和演进之中。虽然新能源开发已经在一定程度上改变了过去完全依赖于传统能源的局面，但是石油依然是最重要的能源。权力结构决定了能源市场的结构。权力介入会放大国际市场上的供求双方矛盾，扩大石油"风险溢价"区间。在国际秩序面临调整的重要转型时期，国家间权力结构的变化也影响到了世界能源格局的演变。再加上各国能源供需情况发生了重要变化，未来能源安全合作战略合作意义更加凸显。供给端的变化在其中起着重要作用。美国页岩油产量的稳步增长以及其他地区的非常规石油来源导致全球能源产量持续超过消费量。沙特阿拉伯，这一总在"摇摆"的全球生产商，于 2014 年 8 月开始破坏之前的定价标准，通过向亚洲消费者降低价格以保护市场份额。这些与过去截然不同的状况都反映出能源市场的未来前景较之过去更难预测。金砖国家应当在石油、天然气、铁矿石等大宗产品的国际交易方面展开合作，根据供求双方供需情况议价。如果金砖国家能够在能矿产品现货、期货交易市场，通过

---

① 　IEA：charts point to Bric = led future，https：//www.ft.com/content/6fed2f85-a162-3293-8fd5-fb8e8af333c5，April 5，2013.

市场调节形成实际价格，打造出能与芝加哥期货交易所抗衡的定价体系，那么金砖国家内部的巨大供需量将可以决定性地影响全球价格变化（梅冠群，2017）。

第三，金砖国家可以携手"一带一路"倡议在能源产业战略合作上拓展、影响全球能源治理的结构。从地缘角度来看，金砖五国横跨亚欧拉非四大洲，分布在"一带一路"东西南北四条辐射线上，与"一带一路"进行对接有很好的前景。"一带一路"沿线有许多发展中国家，它们对于与金砖国家合作同样怀有期待。这些国家中不乏能源大国，然而囿于政治、技术、文化等原因未能充分开发能源方面的潜力。金砖国家间能源合作与"一带一路"倡议相结合需要有更加完善到位的顶层设计和有效的能源外交作为保证，可以成立专门的协调机构，建立起协调机制。金砖国家成员间的能源合作不仅可以同"一带一路"倡议相结合，还可以在上海合作组织框架下、环印度洋地区合作联盟框架下以及 G20 峰会机制下展开更广泛的多边合作。根据实际需要，在不同框架下应当确定合作的重点，针对不同成员展开合作。通过多层次、多领域、多渠道促进和加强金砖国家间的双边和多边能源合作，金砖国家未来改变全球能源治理机制，制定更多有利于新兴经济体和发展中国家的规则是值得期待的。

金砖国家能源产业战略合作对于中国的国内能源产业布局和扩展外交关系都具有重要的意义，二者也是有机结合在一起的。作为能源消费大国，金砖国家能源产业战略合作直接关系到中国的能源安全和产业结构调整。金砖国家能源产业战略合作取得进展，可以促使中国能源供给质量的提高，使能源安全面对的风险更加可控。同时，作为一个在区域内和国际上领导力不断提升的大国，中国深化与金砖国家间共同合作，积极参与全球能源治理，也更加有利于"一带一路"倡议的实施，以此为契机，以能源开发为切入点，促进产业合作，推动沿线周边国家能源战略布局，深化与金砖国家和更多发展中国家的外交关系。通过金砖国家能源产业战略合作，为进一步维护国家利益、提高国际影响力打下基础。

参考文献

蔡宏波、曲如晓：《低碳贸易协定：应对碳减排的贸易政策设计方案》，《国际贸易》2010 年第 11 期。

曹广喜：《"金砖国家"的碳排放、能源消费和经济增长》，《亚太经济》2011 年第 6 期。

曹广喜：《金砖国家碳排放库兹涅茨曲线的实证研究》，《软科学》2012 年第 3 期。

程伟：《俄罗斯经济新观察、危机与转机》，《国际经济评论》2017 年第 2 期。

单良艳、何海燕、张汉飞：《国际碳排放博弈的根源、困境和出路》，《云南社会科学》2018 年第 2 期。

杜娟：《俄罗斯经济发展面临的挑战》，《学术交流》2018 年第 6 期。

关雪凌、于鹏、赵尹铭：《金砖国家参与全球经济治理的基础与战略》，《亚太经济》2017 年第 3 期。

何建坤、周剑、刘滨、孙振清：《全球低碳经济潮流与中国的相应对策》，《世界经济与政治》2010 年第 4 期。

侯方淼、蔡婷、杨怡心：《嵌入全球价值链对我国贸易隐含碳排放的影响机制及实证研究》，《南京财经大学学报》2018 年第 6 期。

黄卓：《"碳关税"与贸易保护主义是一回事吗?》，《国际经济评论》

2011 年第 5 期。

康晓：《金砖国家气候合作：动力与机制》，《国际论坛》2015 年第
　　2 期。

李涛：《资源约束下中国碳减排与经济增长的双赢绩效研究——基于
　　非径向 DEA 方法 RAM 模型的测度》，《经济学（季刊）》2013 年第
　　12 卷第 2 期。

李向阳：《全球气候变化规则与世界经济的发展趋势》，《国际经济评
　　论》2010 年第 1 期。

李艳君：《世界低碳经济发展趋势和影响》，《国际经济合作》2010 年
　　第 2 期。

李旸、陈少炜：《金砖国家碳排放、能源贸易对经济发展的影响分
　　析》，《四川大学学报》（哲学社会科学版）2017 年第 2 期。

刘世锦：《中国经济增长模式评估与转型选择》，《改革》2012 年第
　　1 期。

刘文革、王磊：《金砖国家能源合作机理及政策路径分析》，《经济社
　　会体制比较》2013 年第 1 期，总第 165 期。

刘喆：《印度经济增长模式对我国的启示》，《新财经》2011 年第
　　8 期。

陆燕、于鹏：《贸易发展与气候变化：融合、冲突与应对》，《国际贸
　　易》2010 年第 11 期。

马涛：《垂直分工下中国对外贸易中的内涵 CO_2 及其结构研究》，《世
　　界经济》2012 年第 10 期。

马涛：《全球治理下的绿色增长和结构改革及中国的对策》，《国际经
　　济合作》2014 年第 4 期。

梅冠群：《金砖国家合作机制研究》，《中国集体经济》2017 年第

34 期。

孟国碧：《碳泄漏：发达国家与发展中国家的规则博弈与战略思考》，《当代法学》2017 年第 4 期。

莫建雷、段洪波、范英、汪寿阳：《〈巴黎协定〉中我国能源和气候政策目标：综合评估与政策选择》，《经济研究》2018 年第 9 期。

潘家华、庄贵阳、郑艳、朱守先、谢倩漪：《低碳经济的概念辨识及核心要素分析》，《国际经济评论》2010 年第 4 期。

裴敏欣：《点评中国：经济增长和政权合法性》，2011 年 10 月 17 日。

彭水军、张文城、孙传旺：《中国生产侧和消费侧碳排放量测算及影响因素研究》，《经济研究》2015 年第 1 期。

苏振兴：《巴西经济转型、成就与局限》，《拉丁美洲研究》2014 年第 36 卷第 5 期。

田丰：《金砖国家经济增长、结构转型与产能合作》，《拉丁美洲研究》2017 年第 4 期。

田小伟：《印度经济模式的特点及其启示》，《中共山西省委党校学报》2013 年第 3 期。

王灵桂：《金砖扩容有助于推进全球治理创新》，http：//www. scio. gov. cn/ztk/dtzt/37868/38577/38579/38584/38590/Document/1632937/1632 937. htm，2018 年 7 月 25 日。

王永中：《金砖国家经济利益的交汇与分歧》，《亚非纵横》2011 年第 3 期。

吴志成：《英国脱欧对欧洲及世界格局的影响》，http：//www. xinhuanet. com/world/2019-01/17/c_ 1210040096. htm，2019 年 1 月 17 日。

徐坡岭：《俄罗斯经济转型与增长的教训——政治经济学批判》，《俄罗斯东欧中亚研究》2018 年第 5 期。

徐清军：《碳关税、碳标签、碳认证的新趋势，对贸易投资影响及应对建议》，《国际贸易》2011 年第 7 期。

闫世刚：《金砖国家能源合作现状、问题与对策》，《国际经济合作》2014 年第 9 期。

杨仕辉、魏守道、翁蔚哲：《南北碳排放配额政策博弈分析与策略选择》，《管理科学学报》2016 年第 19 卷第 1 期。

杨玉峰、韩文科、苗韧、安琪：《当前国际能源经济的新趋势》，《宏观经济研究》2010 年第 6 期。

岳树梅：《金砖国家能源合作的法律机制构建》，《法学》2014 年第 2 期。

张捷、赵秀娟：《碳减排目标下的广东省产业结构优化研究——基于投入产出模型和多目标规划模型的模拟分析》，《中国工业经济》2015 年第 6 期。

张同斌、孙静：《"国际贸易—碳排放"网络的结构特征与传导路径研究》，《财经研究》2019 年第 3 期。

张文城、彭水军：《南北国家的消费侧与生产侧资源环境负荷比较分析》，《世界经济》2014 年第 8 期。

张玉柯、徐永利：《"金砖国家"三次产业结构发展态势比较研究》，《河北大学学报》（哲学社会科学版）2010 年第 6 期。

张悦、崔日明：《金砖国家参与全球经济治理的优势、挑战与合作路径》，《贵州社会科学》2017 年第 6 期。

赵庆寺：《金砖国家能源合作的问题与路径》，《国际问题研究》2013 年第 5 期。

赵庆寺：《金砖国家与全球能源治理：角色、责任与路径》，《当代世界与社会主义》2014 年第 1 期。

钟冰平：《金砖国家贸易增长：高碳产业转移与碳排放》，《生态经济》2017 年第 33 卷第 8 期。

仲云云、张冲：《低碳发展的国际减排博弈与中国对策》，《云南财经大学学报》2018 年第 12 期。

舟丹：《未来金砖国家能源科技合作前景》，《中外能源》2018 年第 3 期。

朱远、刘国平：《"金砖四国"碳排放绩效比较研究》，《亚太经济》2011 年第 5 期。

Akrur Barua, "Brazil: New President, Old Economic Challenges", *Deloitte Insights*, December 2018.

Andreas Goldthau, *Global Energy Governance: The New Rules of the Game*, Washington D. C. : Brooking Institution Press, 2010.

Andrey Movchan, "5 factors limiting the impact of the BRICS nations", https://www. weforum. org/agenda/2015/07/5-factors-limiting-the-impact-of-the-brics-nations/, July 8, 2015.

G. , Atkinson, Hamilton, K. , Ruta, G. , Van Der Mensbrugghe, D. , "Trade in 'virtual carbon': empirical results and implications for policy", *Glob. Environ. Chang*, Vol. 21, No. 2, 2011.

Brian Chang, "A proposal for a multilateral border carbon adjustment scheme that is consistent with international trade law", https://www. ictsd. org/opinion/a-proposal-for-a-multilateral-border-carbon-adjustment-scheme-that-is-consistent, June 1, 2017.

BRICS Action Plan for Innovation Cooperation (2017 – 2020), accessed on April 1 2019.

Centre for Global Development, "Developed Countries Are Responsible for

79 Percent of Historical Carbon Emissions", https：//www. cgdev. org/ media/who-caused-climate-change-historically, August 18, 2015.

Chen, G. , Zhang, B. , "Greenhouse gas emissions in China 2007：inventory and input-output analysis", *Energy Policy*, Vol. 38, No. 10, 2010.

Christian Brutsch and Mihaela Papa, "Deconstructing the BRICS：Bargaining Coalition, Imagined Community, or Geopolitical Fad?", *The Chinese Journal of International Politics*, Vol. 6, 2013.

Davis, S. J. , Peters, G. P. , Caldeira, K. , "The supply chain of CO_2 emissions. Proc", *Natl. Acad. Sci*, Vol. 108, No. 45, 2011.

Dietzenbacher, E. , Pei, J. , Yang, C. , "Trade, production fragmentation, and China's carbon dioxide emissions", *J. Environ. con. Manag*, Vol. 64, No. 1, 2012.

Feng, K. , Davis, S. J. , Sun, L. , Li, X. , Guan, D. , Liu, W. , Liu, Z. , Hubacek, K. , "Outsourcing CO_2 within China", *Proc. Nat. Acad. Sci.* U. S. A. (PNAS), Vol. 110, No. 21, 2013.

Ginelle G. and A. Lemma, "How to stay ahead in a low-carbon global economy", London, Overseas Development Institute Report, 2015.

Guan, D. , Liu, Z. , Geng, Y. , Lindner, S. , Hubacek, K. , "The gigatonne gap in China's carbon dioxide inventories", *Nat. Clim. Chang*, No. 2, 2012.

Guo, J. , Zhang, Z. , Meng, L. , "China's provincial CO_2 emissions embodied in international and interprovincial trade", *Energy Policy*, Vol. 42, 2012.

Guo, J. , Zou, L. -L. , Wei, Y. -M. , "Impact of inter-sectoral trade on national and global CO_2 emissions: an empirical analysis of China and US", *Energy Policy*, Vol. 38, No. 3, 2010.

Hansen J. E., "Carbon Tax&100% Dividend vs. Tax&Trade", Testimony Submitted to the Committee on Ways and Means, U. S. House of Representative, http://www.columbia.edu/~jeh1/2009/WaysAndMeans_20090225.pdf.

IEA, "charts point to Bric = led future", https://www.ft.com/content/6fed2f85-a162-3293-8fd5-fb8e8af333c5, April 5, 2013.

IMF, "World Economic Outlook", https://www.imf.org/external/pubs/ft/weo/2013/01/weodata/weorept.aspx?pr.x=91&pr.y=5&sy=2011&ey=2018&scsm=1&ssd=1&sort=country&ds=.&br=1&c=223%2C924%2C922%2C199%2C534&s=NGDPD%2CNGDPDPC%2CPPPGDP%2CPPPPC&grp=0&a=, March 13, 2019.

Institute for Energy Economics and Financial Analysis, "The New Development Bank Its Role in Achieving BRICS Renewable Energy Targets", 2016.

ISHAKOVA, Agnessa O., MARCHUKOV, Igor P., SVESTYANOV, Maxim V., "Common Energy Policy and Mechanisms Aimed at Unification of Legal Regulation Related to Foreign Trade turnover of BRICS Energy Resources", *Journal of Advanced Research in Law and Economics*, Vol. 7, No. 7.

Joost Pauwelyn, "The End of Differential Treatment for Developing Countries? Lessons from the Trade and Climate Change Regimes", *Review of European Community & International Environmental Law*, Vol. 22, No. 1.

Kamleshan Pillay, Cyril Prinsloo, Jaya Josie and Franck Naidoo, "South Africa and BRICS: Enhancing Economic Cooperation in the Renewable Energy Sector", 2018.

Koopman, R., Wang, Z., Wei, S. - J., "How much of Chinese exports is really made in China? Assessing domestic value-added when processing trade is pervasive", NBER Working Paper 14109. National Bureau of Economic Research, 2008.

Kamleshan Pillay, Cyril Prinsloo, Jaya Josie and Franck Naidoo, "South Africa and BRICS: Enhancing Economic Cooperation in the Renewable Energy Sector", http://www. nkibrics. ru/ckeditor _ assets/attachments/5bb4af026272690534ed0000/south_africa_and_brics_enhancing_ economic_ cooperation _ in _ the _ re _ sector _ 2018 _ _ draft. pdf? 1538567938, May 2018.

Lemao D. N., "Role of market based instruments in transitioning to a low carbon economy: experiences from BRICS countries and lessons for South Africa," Gordon Institute of Business Science working paper No. 11356091, 2012.

Lesley W. And C. Oji., "The Green Economy and the BRICS Countries: Bringing Them Together," *SAIIA Occasional Paper*, No. 170, 2013.

Levent Aydin, "Intra-BRICS Trade Opening and Its Implications for Carbon Emissions: A General Equilibrium Approach", *Journal of Economics and Development Studies*, Vol. 4, No. 2, 2016.

Lindner, S., Liu, Z., Guan, D., Geng, Y., Li, X., "CO_2 emissions from China's power sector at the provincial level: consumption versus production perspectives", *Renew. Sust. Energ. Rev*, Vol. 19, 2013.

Matthias Weitzel, Tao Ma, "Emissions embodied in Chinese exports taking into account the special export structure of China", *Energy Economics*, Vol. 45, 2014.

Ming-Chung Chang, Jin-Li Hu, Heng-Chu Chang, "Resource Efficiency and Productivity Changes in the G7 and BRICS Nations", *Pol. J. Environ. Stud*, Vol. 27, No. 6, 2018.

Narayanan, B., Aguiar, A., McDougall, R., "Global trade, assistance, and production: The GTAP 8 data base. Center for Global Trade Analysis, Purdue University (Available online at: http://www. gtap. agecon. purdue. edu/databases/v8/v8_ doco. asp), 2012.

National Bureau of Statistics of China, "China Statistical Yearbook 2008", 2009.

National Development and Reform Commission, "China's Policies and Actions for Addressing Climate Change", 2012.

OECD, "OECD Economic Surveys South Africa", http://www. oecd. org/eco/surveys/South-Africa-OECD-economic-survey-overview. pdf, July 2015.

Olivier, J., Janssens-Maenhout, G., Muntean, M., Peters, J., "Trends in global CO_2 emissions: 2013 report". PBL Netherlands Environmental Assessment Agency, 2013.

Pan, J., Phillips, J., Chen, Y., "China's balance of emissions embodied in trade: approaches to measurement and allocating international responsibility", *Oxf. Rev. Econ. Policy*, Vol. 24, No. 2, 2008.

Peters, G. P., Minx, J. C., Weber, C. L., Edenhofer, O., "Growth in emission transfers via international trade from 1990 to 2008", *Proc. Natl. Acad. Sci*, Vol. 108, No. 21, 2011.

R. Srikanth, "India's sustainable development goals-Glide path for India's power sector", *Energy Policy*, Vol. 123, 2018.

Robinson, S., Cattaneo, A., El-Said, M., "Updating and estimating a social accounting matrix using cross entropy methods ", *Econ. Syst. Res*, Vol. 13, No. 1, 2001.

Sandeep Mohapatra, Wiktor Adamowicz, Peter Boxall, "Dy-namic technique and scale effects of economic growth on the environment", *Energy Economics*, No. 57, 2016.

Shihong Zeng, Yuchen Liu, Chao Liu, Xin Nan, "A review of renewable energy investment in the BRICS countries: History, models, problems and solutions", Renewable and Sustainable Energy Reviews, Vol. 74, 2017.

Su, B., Ang, B., "Input-output analysis of CO_2 emissions embodied in trade: the effects of spatial aggregation", *Ecol. Econ*, Vol. 70, No. 1, 2010.

Su, B., Ang, B., "Input-output analysis of CO_2 emissions embodied in trade: competitive versus non-competitive imports", *Energy Policy*, Vol. 56, 2013.

Su, B., Ang, B.. Input-output analysis of CO_2 emissions embodied in trade: a multiregion model for China. Appl. Energy 114, 377 – 384, 2014.

Su, B., Ang, B., Low, M., "Input-output analysis of CO_2 emissions embodied in trade and the driving forces: processing and normal exports", *Ecol. Econ*, Vol. 88, 2013.

Su, B., Huang, H., Ang, B., Zhou, P., "Input-output analysis of CO_2 emissions embodied in trade: the effects of sector aggregation", *Energy Econ*, Vol. 32, No. 1, 2010.

Venkatachalam A., "Low Carbon Green Growth in Asia: What is the

Scope for Regional Cooperation?" ERIA Discussion Paper Series, 2015.

Weber, C. L., Peters, G. P., Guan, D., Hubacek, K., "The contribution of Chinese exports to climate change", *Energy Policy*, Vol. 36, No. 9, 2008.

Wei, B., Fang, X., Wang, Y., "The effects of international trade on Chinese carbon emissions", *J. Geogr. Sci*, Vol. 21, 2011.

World Bank, "Low carbon growth country studies: getting started – experience from six countries", Low Carbon Growth Country Studies Program; Energy Sector Management Assistance Program (ESMAP), Washington, DC: World Bank Group, 2009.

X. Zhao et al., eds., "BRICS Innovation Competitiveness Report 2017", https://www.ranepa.ru/eng/images/CIIR/BRICS/BRICS% 20Innovative %20Competitiveness%20Report%202017. pdf.

Yan, Y., Yang, L., "China's foreign trade and climate change: a case study of CO_2 emissions", *Energy Policy*, Vol. 38, No. 1, 2010.

Yang Laike, "CO_2 Emissions Embodied in International Trade-A Comparison on BRIC Countries", Berlin Working Papers on Money, May 2012.

Zhang, Y., "Scale, technique and composition effects in trade-related carbon emissions in China", *Environ. Resour. Econ*, Vol. 51, No. 3, 2012.

后　记

　　本书是在我主持的国家社科基金青年项目（项目批准号：13CGJ027）结项报告的基础上，稍作调整之后完成的，现在终于可以付梓了。

　　我本是研究国际经济学的，对于低碳经济研究算是外行。对于低碳经济的关注是源于 2009 年我们给宁波市做的一个课题。记得当时为了熟悉碳排放的计算方法，我和同事到成都参加了碳排放计算的培训班。经过几年的学习，掌握了低碳经济的专业知识，还把它应用到国际贸易研究中，特别是在国际贸易中内含的 CO_2 的研究上小有成果。2014 年，德国基尔世界经济研究所 Matthias Weitzel 博士和我发表在国际期刊 *Energy Economics* 上的关于中国对外贸易中的 CO_2 结构性问题，在学界产生了良好的影响。这篇文章主要内容被翻译成中文收录于本书第七章。

　　本书主题不仅包括了低碳经济，还把研究范围确定为金砖国家之间的产业发展与经济合作研究上，要在两个主要维度上进行分析，确实增加了一定难度。除了对金砖五国的产业层面的碳排放进行计算与比较外，本书还运用多国投入产出关联的方法构建了对多个国家进行产能合作的分析框架。由于本研究是一个国际问题，涉及对金砖五国的研究和比较分析。本书的一个重要主题是低碳经济，如何衡量金砖国家低碳经济的发展，从方法论上是一个挑战，构建低碳经济发展指标是一项前沿的、具有创新意义的工作。另外，由于涉及要收集金砖五国的碳排放原始数据及其计算，这也是一项非常艰巨的工作，尤其像南非、巴西等国的数据较难获得。

本书的出版得到了张宇燕所长和徐秀军研究员的大力支持。本书除了作者参与撰写之外，对外经济贸易大学中国 WTO 研究院的吕越副教授参与了金砖国家应对全球气候变化的增长路径和模式部分的撰写。我的硕士研究生王楠倩参与了大量数据整理与计算以及部分材料的翻译工作，北京农学院硕士研究生赵静也参与了国别资料的收集与整理工作。在此表示衷心的感谢！

低碳经济作为一个新兴研究领域，在理论上需要进一步拓展，在实践上需要扩大应用。我国作为一个发展中大国，经济发展从粗放型逐步向集约型转变，发展低碳经济和加强环境保护是提升发展质量的必要手段。本书从全球化视角进行了初步研究，应该是一个全新的尝试，未来还需要进一步深化和扩展。

马　涛
2019 年初秋于建国门